사람을 읽는법

李明洙 著

지 성 문 화 사

인간관계에 유용하게 활용되기를

당신은 믿었던 사람에게서 배신을 당했거나 크게 실망한 적은 없습니까. 또한 사람을 잘못 판단하여 큰 낭패를 당한 경험은 없습니까.

어쩌면……, 어쩌면 지금 이 순간에도 사람에 대한 배신과 실망으로 인해 고통을 받고 있는지도 모르겠습니다.

"인간은 혼자면 인간이 아니다."

이 말은 영국의 계관 시인 테니슨의 서사시집 《이녹 아든》에 나와 있는 말입니다. 두 사람 이상이 서로 만나야 비로소 인간 생활을 영위할 수 있다는 의미입니다. 이 말처럼 인간은 나 아닌 인간이 제아무리 싫고 밉더라도 인간을 떠나서는 살 수 없는 사회적 동물입니다.

우주에는 필연적으로 빛과 어둠이 공존하고 있습니다. 인간 사회에도 빛이 있듯 밝고 맑고 깨끗한 사람이 있고, 어둠이 있듯 혼탁하고 추잡하고 비열한 사람도 있습니다.

사람마다 제각기 얼굴이 다르고 지문이 다르듯이 성품 또한 천차만별입니다. 그렇습니다. 문자 그대로 인간 사회는 천차만별의 무늬가 모자이크되어 조화를 이루고 있습니다.

그 조화 속을 여행하다보면 개도 보고 소도 보고 사람도 보게 마련입니다. 비유가 좀 지나쳤는지는 모르지만, 이 말은 늘상 사람다운 사람만을 보고 살 수는 없다는 말입니다.

세상에는 모양 좋은 인두겁을 쓰고 있지만 사고와 행실이 사람답지 못한 사람도 많습니다. 그들은 전염병처럼 이곳저곳을 옮겨다니며 사람들을 해코지하고 있습니다.

알고도 모를 것이 인간이라 오늘 당신이 만나고 있는 사람이 바로 그런 사람일지도 모르겠습니다. 지금 당신의 호감을 사고 있는 사람은 정말 믿을 수 있는 사람이 분명합니까. 혹시 양의 탈을 쓴 늑대는 아닌지…….

필자는 그러한 불상사가 없기를 진정으로 바라고 있습니다. 그러나 노파심에서 거듭 말씀드리지만 당신이 방심하고 있는 사이에 누군가가──철석같이 믿고 있는 사람들 중의 한 사람──당신의 행복을 훔칠지도 모릅니다.

천학비재한 필자가 감히 이런 글을 쓰게 된 목적이 바로 어느 순간 도적처럼 닥칠지도 모르는 불행을 미연에 방지하자는 데에 있습니다.

이 책의 내용은 필자의 체험을 바탕으로 하여 동서양의 많은 관련 서적을 참조했습니다. 독자제현들의 인간관계에 유용하게 활용되기를 바라마지 않습니다.

글쓴이 이명수

차례

사람을 보는 법

제1장

인간의 모든 것을 한눈으로 꿰뚫는다

믿는 도끼에 발등 찍히기

제2장

말하는 타입으로 상대를 꿰뚫는다

**인간은 이성이라는 미명하에
비이성적인 행동을 할 수 있는 유일한 피조물**

차례

제3장

동작을 보고 상대를 파악한다

앉은 모습으로 사람을 파악한다

차례

사람을 보는 법

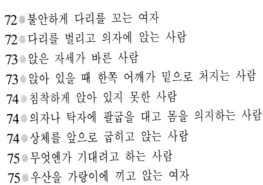

걷는 모습으로 사람을 파악한다

차례

차례

제6장

얼굴을 보고 사람을 꿰뚫는다

차례

사람을 보는 법

제7장

행복한 결혼생활을 위하여

행복한 결혼을 위하여

인간의 모든 것을
한눈으로 꿰뚫는다

믿는 도끼에 발등 찍히기
금전적인 피해보다 인간적인 배신감이 더 아프다
인간관계에서 오는 불행은 미연에 방지할 수 있다
가면 쓴 인간은 이런 점이 다르다

参考文献

Michel Gauguelin : Connaitre les Autres(paris C. E. P. L Denuel, 1970).
Cattell : Objective Personality & Motivation Tests(University of Illinois press).
John C. Loehlin : Computer Models of Personality(Random House New York, 1968).
神相全篇
野鶴運命訣
達磨相法
人倫識鑑
大東奇聞
H. Sachs : Freud, master and friend, 1944.
Die Traumdeutung, 1900, 7. A., 1922.
Diagnostische Assoziation Sstudien, 1906.

제1장

인간의 모든 것을 한눈으로 꿰뚫는다

믿는 도끼에 발등 찍히기

'열 길 물 속은 알아도 한 길 사람 속은 모른다' 라는 우리의 속담이 있다. 굳이 이 말을 인용하지 않더라도 사람을 정확히 안다는 것은 매우 힘든 일이며 쉽게 평가하기도 어렵다.

인간은 사회적 동물이기 때문에 인간을 떠나서는 살아갈 수 없다. 따라서 세상을 살아가는 동안 숱한 사람과 인연을 맺게 되는데, 그 헝클린 실타래처럼 복잡한 인연 중에는 악연(惡緣)도 많고 반면에 선연(善緣)도 많다.

필자도 반평생을 살아오는 동안에 헤아릴 수도 없을 만큼의 인연을 맺어왔다. 그 숱한 인연으로 인해 기쁨과 슬픔, 행복과 불행, 희망과 좌절, 신의와 배신 등을 겪어왔다. 시체말로 인생의 '쓴맛 단맛'을 보면서 차츰 사람을 보는 눈을 갖게 된 것

인간은 남이 자신에게 호의를 보낸다고
너무 과대 평가해 배신 당하기 쉽다.
―마키아벨리 : 이탈리아 르네상스 시기의 정치가·사상가―

이 현재에 이르러서는 큰 재산이라고 자부하고 있다.

필자도 사람을 보는 눈을 갖기 전에는 속담처럼 '믿는 도끼
에 발등 찍히기'를 수도 없이 당했다.

금전적인 피해보다 인간적인 배신감이 더 아프다

 인간적으로 사람에게 가장 큰 배신을 당했던 때
는 80년대 초였다. 그때 필자는 모 정치인의 수
석비서관으로 일하고 있었다.

정치인치고 말 못하는 정치인이 있으리오마는……, 그는 탁
월한 화술의 명수였다. 대중화술도 능했지만 특히 개인적인 설
득에 강했다.

정치부 기자로 활동하던 필자는 공적 사적으로 그를 자주 만
날 수 있었다. 만날 때마다 그는 필자를 기쁘게 만드는 말을 항
상 잊지 않고 하곤 했다.

"이기자의 센스는 정말 부러울 정도야."

"장담하지만, 이기자는 앞으로 큰 일을 할게 틀림없어."

"언젠가는 이기자에게 큰 투자를 해야겠어."

"야망이 큰 사람에겐 절대 날개가 필요한 법이지, 그 날개를
내가 달아주면 어떨까?"

그가 툭툭 던지는 그런 말들은 필자의 마음을 흔들고도 남음이 있었다. 그런 연유에서 필자는 기자생활을 청산하고 주저없이—주위의 만류가 많았지만—그의 사람이 되었다.

　'여자는 진정으로 사랑하는 남자를 위해 팬티를 내리고, 사나이는 진정으로 자기를 인정해 주는 사람을 위해 목숨을 건다'는 말 그대로 필자도 그를 위해 열과 성을 다했다.

　사람은 그 누구라도 예외없이 장점이 있는 반면에 결점이 있기 마련이다. 인간에게 결점이 없기를 바란다면 그건 터무니없는 욕심일 뿐이다.

　그도 가까이 대하고 보니 결점이 많이 보였다. 그건 마치 멀리서 곱게 단풍으로 물든 가을 산을 보던 것과도 같았다. 단풍으로 물든 가을 산을 바라보면 참으로 아름답다. 그 풍광에 이끌려 찾아가 보면, 산 속에는 쇠똥도 있고 개똥도 있는 것이다.

　필자가 그를 위해 해야 할 많은 일 중에서 큰 비중을 둬야했던 부분이 바로 쇠똥, 개똥을 감추는 것이었다.

　섬기는 사람을 위해 일할 때는 본의 아니게 거짓말을 할 때가 있다. 그가 대중의 성원을 절대 필요로 하는 정치인이었기에 더더욱 그럴 수밖에 없었다.

　필자는 그를 위해 항상 설득력 있는 거짓말을 준비했고, 그

우리는 친구가 없어도 살아갈 수 있다. 그렇지만
이웃이 없이는 살아가지 못한다. -T.풀러-

도 만족해 하며 그 말들을 활용했다.

선거철이 되자 필자는 한없이 바빠졌다. 선거 전략을 짜야했
고, 연설 원고 및 홍보물도 도맡아 처리해야 했다. 그러는 동
안 이곳저곳 결재할 곳이 많았는데, 그는 그것마저 나에게 미
루는 것이 아닌가.

총알(자금)이 없는 상태에서 선거라는 전쟁을 치뤄야 하는
필자의 입장은 실로 난감했다. 그렇다고 해서 망서리고 있을
수도 없었다.

필자는 세 치 혀를 무기로 수단과 방법을 가리지 않고 필요
한 것을 채워 힘겹게 선거일까지 버티었다.

마침내 그는 4선 의원이 되었다. 그의 당선이 확정된 순간
필자의 뺨에도 두 줄기의 뜨거운 눈물이 흘러내리고 있었다.
모든 것이 계획했던 대로 됐다는 승리감, 주변에서 물심 양면
으로 도와줬던 사람들에게 면목이 섰다는 자부감, 그 동안의
노고에 대한, 어떤 형태로든, 보답이 있을 것이라는 기대감 등
이 뒤범벅이 된 기쁨의 눈물이었다.

그러나 그 기쁨이 채 가시기도 전에 필자는 처절한 배신감을
느껴야만 했다. 그는 자신이 책임져야 할 부분들의 처리를 일
부러 이리저리 회피했다.

그 사건으로 인하여 필자의 인간관계는 엉망이 되었다. 그를

삼백안의 사람은 집념이 강하며 목적을 위해서는 수단과 방법을 가리지 않는다.

보아서라기 보다는 필자를 믿고 종이를 대주고, 인쇄를 해주고, 물품을 외상으로 주었던 사람들이 필자에게 매달렸고, 필자는 어떤 형태로든 그것에 대한 책임을 회피할 수는 없었다.

그때 필자는 금전적으로 피해를 본 사실보다 인간적인 배신감 때문에 더 아팠다. 인간에 대한 회의감, 정말 많이도 방황했던 시기였다.

그런 불유쾌한 경험이 대인관계에 있어 필자를 신중하게 만들었고 인간심리를 연구하도록 했다.

사람마다 지문이 다르듯이 성품 또한 천차만별일 수밖에 없다. 그런데 재미있는 사실은 사람의 체형(體型)이나 인상(人相), 버릇, 동작, 말투를 유심히 보면 그 사람의 성품을 거의 정확하게 알 수 있다는 것이다.

인간관계에서 오는 불행은 미연에 방지할 수 있다

 필자에게 씁쓸한 기억을 남긴 그 정치인은 눈과 눈썹 사이가 넓었는데, 눈은 아래 삼백안(三白眼)이었다. 관상학에서 검은 눈동자와 아래 눈꺼풀 사이가 희게 벌어져 있는 눈을 지칭한 말이다.

필자가 연구하고 체험한 바에 의하면, 대체적으로 눈과 눈썹

남의 상처를 보고 웃는 것은
상처의 아픔을 모르는 녀석이다.
　―세익스피어―

사이가 넓은 사람은 남을 믿지 않는 음험하고 이기적인 경향이
강하다. 때문에 이성을 하나의 성(sex) 도구로만 생각하여 맘껏
농락하고 희생시키는 잔인한 면이 있다.

　그도 여자 관계가 꽤나 복잡했다. 몸과 돈을 빼앗기고 필자
를 찾아왔던 여성이 두셋은 됐다. 그런 일이 있을 때마다 그는
특유의 궤변으로 나를 설득하곤 했었다.

　"영웅은 술과 여자에게도 능한 법일세. 그리고 남자에게 있
어서 인격은 배꼽 위이고 배꼽 밑은 수격(獸格)이 아닌가."

　그 말은 제법 그럴 듯하여 필자도 몇 번인가 입에 담곤했다.
웃기는 사실은, 의외로 그런 궤변이 나를 비롯하여 많은 사람
들에게 통한다는 것이다.

　그의 눈처럼 눈이 삼백안인 사람은 집념이 매우 강하다. 한
번 목표를 정하면 꼭 달성해야만 직성이 풀리는 사람인데, 그
목적을 위해서는 수단과 방법을 가리지 않는 성격이다.

　필자가 여성지 기자로 활동하고 있을 때는 의식적으로 질이
나쁜―사회에 큰 무리를 일으킨 족속들―사람들의 취재를 도
맡다시피했다. 사기꾼, 강도, 강간범, 스캔들을 일으킨 연예인
등을 추적하면서 그들의 행동 양태를 살폈다.

　결과론이지만, 같은 유형의 범죄를 저지른 사람들에게는 거
짓말같이 유사한 점이 있었다. 필자는 그런 사실들을 빠짐없이

우리의 주변에는 항상 가면 쓴 사람이
도사리고 있다.

기록했고, 그쪽 분야에 조예가 있는 전문가들을 만나 조언을
얻어 누구나 쉽게 알 수 있고 활용할 수 있도록 이 책을 집필
했다. 세상에는 사람을 보는 눈이 없기 때문에 불행에 처한 사
람들이 헤아릴 수도 없이 많기 때문에, 그런 불행들을 미연에
방지하게 한다는 목적에서이다.

　믿었던 사람으로부터 배반을 당했을 때 우리는 극도로 사람
이 미워지고 세상이 싫어진다.

　"세상에 그 사람이 나를 이처럼 감쪽같이 속이다니, 내가 눈
이 멀었지……."

　땅을 치고 통곡해도 한번 잃어버린 소중한 그 무엇을 다시
찾을 수는 없는 일이다.

　사기꾼에게 전재산을 털리고 빈털털이가 된 사람, 인간 쓰레
기같은 남성에게 속아 정조를 잃고 재산마저 빼앗긴 아가씨,
천하에 나쁜 성품의 여자를 만나 패가 망신한 남자, 천하에 나
쁜 성품의 남자를 만나 눈물로 세월을 보내는 여자들이 우리
주변에는 그 얼마나 많은가.

　그들의 불행은 모두가 사람을 올바로 보지 못하는 어리석음
에 있었다고 해도 과언은 아닐 것이다. 특히 미혼 남녀가 만나
사랑을 할 때는 서로서로 맹목적이 되기 때문에 상대를 올바르
게 파악할 수는 없다.

추위에 떨었던 사람일수록
태양을 따뜻하게 느낀다. 인생의 험한 항해에서 빠져나온
사람일수록 생명의 존귀함을 알게 된다.
　－휘트먼－

세상의 이치가 묘한 것이어서 밝은 쪽보다는 어두운 쪽이 훨씬 매혹적인 법이다. 실로 밝은 쪽은 별로 재미가 없다. 그것은 대체로 인간의 본능을 사회의 규범에 맞춰 억제해야 하는 경우가 많기 때문이다.

"연애는 아름다운 오해이며 결혼은 참혹한 이해이다"라는 말이 있고, "사랑을 할 때는 두 눈이 먼다"라는 유행가 가락도 있다. 청춘기의 남녀는 이성적이기 보다는 감성적이다. 감성세대는 인간을 심미안으로 평가하기 마련이다. 이 말을 부정하는 독자들도 많겠지만, 미안하지만 이 말은 절대적이다.

실례로, 많은 여성들이 '남자의 용모를 안 본다'고 말한다. 성실하고 능력이 있으면 용모야 아무래도 좋다고 말을 하지만 알고 보면 그건 입에 발린 말에 불과하다.

정말로 남자의 용모를 따지지 않는다면 구태여 그런 말을 내세울 까닭이 없다. 또 남자의 용모에 관한 화제를 당연히 기피하지도 말아야 한다.

필자가 여성잡지의 편집자로 있을 때다. 우리 사회에서 여성잡지와 연예인의 관계는 흡사 악어와 악어새처럼 공존공생하기 때문에 그들과의 접촉이 빈번하다. 때문에 화제는 연예인들의 사생활이 압도적이다.

여기자들은 모였다하면 누구는 어떻고, 누구는 어떻고하며

마치 자랑이나 하듯이 자신이 취재한 연예인의 시시콜콜한 정보를 교환한다. 그때마다 "그런 타입은 싫어.", "잘생긴 남자는 실속이 없어."하며 제동을 건 여기자가 있었다.

　결혼 적령기에 접어든 그녀는 기사를 쓰는 능력이 뛰어나고 꽤나 탄탄한 미모의 소유자였기 때문에 필자가 남달리 아끼는 기자 중의 한 사람이었다.

　필자는 그녀의 말을 액면 그대로 믿었다. 배울 만큼 배운 지적인 여자, 기자 생활로 인간 심리를 약간이나마 파악하고 있는 여자가 겉치레에 이끌릴리가 없다는 판단에서였다. 그래서 아끼는 후배와 맞선을 보였다가 크게 낭패를 보았다. 조건은 좋지만 상대의 외모가 마음에 들지 않는다는 이유에서였다.

　한참 나중에 그녀의 약혼자를 보게 되었는데, 그 순간 느끼는 바가 컸다. 그녀의 약혼자는 품성은 좋아보이지 않았지만 연예인 뺨치게 매끈한 사내였던 것이다.

　그후 그녀는 그 남자와 결혼을 했고, 1년도 못되어 이혼을 했다. 지금도 그녀를 가끔 만나고 있지만 여전히 '남자의 용모를 안 본다'는 말을 입에 담고 있다. 사족(蛇足)이지만 필자의 후배는 현재 판사로 일하고 있다.

인간이란 자신이 바라고 있는 것을 자칫 믿고 싶어한다.
　－시저 : 로마의 정치가－

결혼에 실패한 사람들은
연애 시절의 밀어들이
얼마나 허울만 좋았는가를
뼈저리게 느끼고 있으리라.

가면 쓴 인간은 이런 점이 다르다

 인간의 심리를 묘사함에 있어 냉소적 유머를 많이 사용한 미국 작가 카벨은, "어떤 남자와 우연히 사랑하게 되어 결혼한다는 것은 철쭉꽃이 만발했기에 고양이를 창밖으로 내보내는 것과 비슷한 논리적 과정이다"라고 했다. 매우 의미심장한 말이 아닐 수 없다.

청춘 남녀의 연애는 아름다운 오해일 수밖에 없다. 결혼생활이란 연애 시절의 생각처럼 아름다움으로 가득 채워진 장미빛 성곽만은 결코 아닌 것이다. 그 이유를 들자면 한없이 많다.

인간은 누구나 타인과의 관계에서 심리적으로 가면을 쓰게된다. 자신의 일을 유리하게 이끌기 위해, 열등감을 숨기기 위해, 또는 상대의 호감을 사려고 갖가지 가면을 쓰고 산다.

앞에서도 언급했지만 인간관계에 있어서 어두운 쪽이 훨씬 매혹적이다. 사기를 당해본 사람이라면 그가 어떤 얼굴, 어떤 말, 어떤 행동으로 접근했는가를 알리라. 결혼에 실패한 사람들은 연애 시절의 밀어들이 얼마나 허울만 좋았는가를 뼈저리게 느끼고 있으리라.

대인관계에 있어 상대방을 속속들이 알지 못하면 불의의 피해를 입기도 하고 기회를 놓치기도 한다. 이러한 까닭에 동서

양을 막론하고 '사람을 파악하는 학문(관상학·역학·심리학
등)'이 활발하게 연구되어 왔다. 이 학문을 종합하면, 사람의
성격(personality character)은 외모와 행동, 그리고 말에 반드시
나타나는 것으로 정리된다.

인간의 마음을 의식하고 있는 부분과 무의식의 부분으로 나
눈 사람은 정신분석학의 원조 프로이드이다. 그의 학설에 따르
면, 인간의 행동은 일견 모두 의식된 동기에 의한 움직임처럼
보이지만 실은 종종 본인도 의식할 수 없는 무의식적 동기에
의해 움직이는 경향이 많다는 것이다.

증오스런 인간을 만나면 죽이고 싶도록 미울 때가 있다. 매
혹적인 여자를 만나면 부정한 성적 욕망을 느낀다. 무엇인가
거짓을 말할 때는 스스로가 부자연스럽다. 그렇다고 해서 상대
의 면전에서 그것을 다 표현할 수는 없지 않는가.

이때 의식은 그것을 억제하는 반면에 무의식은 어떤 형태로
든 그것을 표출하게 되는 것이다. 다시 말하면, 입으로는 교묘
하게 말을 꾸미지만 얼굴 표정을 비롯한 동작의 곳곳에서 거짓
말임을 열렬히 웅변하고 있는 것이다.

그것을 아는 것이 바로 사람을 보는 법의 요지이다. 독자께
서도 일상 생활에서 이런 체험을 했으리라 생각한다. 이쪽에서
는 별로 신경을 건드릴 만한 말을 하지 않았는데도 극단적인

반응을 보이며 이해할 수 없을 정도로 화를 내는 사람을 만난
적이 있을 것이다. 이런 경우는 그 사람의 마음 밑바탕에 깔려
있는 콤플렉스 방위선을 건드렸기 때문에 일어나는 것이다.

어떤 인간을 막론하고—외견상으로 자신감에 넘치거나 강한
것처럼 보이는 사람 포함—'반드시'라고 말할 수 있을 정도로
표리의 부분, 빛과 그늘의 부분이 있다. 평소 사귈 때는 표면
혹은 빛의 부분만 보이는 사람이라도 실은 갖가지 약점이나 그
늘진 부분을 가지고 있는 것이다.

이같이 그늘진 부분에 빛을 비추어 깊은 통찰력을 가지고 타
인과 접촉할 수 있게 된다면 대인관계에서 오는 불행을 미연에
막을 수 있는 것이다.

남을 안다는 것은 동시에 자신을 아는 것이 되기도 한다. 이
책을 통해 먼저 자신을 알고 그 결점을 보완해가면 누구라도
만인에게 호감을 주는 이미지를 연출할 수 있다.

먼저 독자 자신부터 이 책 내용의 신빙성 여부를 테스트해
보라. 상대가 20세 미만의 사람이라면, 아직 성격 형성기에 있
으므로 가급적 25세 이상의 사람을 보라. 당신은 그것이 99.9%
적중하고 있다는 사실에 놀란 입을 다물지 못할 것이다.

인상 판단과 함께 기억해 둘 이야기

상대를 보아 법을 설명하라

《논어》에 이런 이야기가 있다.

어느 하루, 자로(子路)가 스승인 공자에게 물었다.

"스승님, 가르침을 받으면 그 즉시로 실행하여야 합니까?"

자로의 질문을 받고 공자가 대답했다.

"부형(父兄)이 있으니 그 부형과 상담도 하지 않고 실행하면 못쓴다."

그런 일이 있은 얼마 후, 염유(冉有)가 같은 질문을 했다.

"스승님, 가르침을 받으면 그 즉시로 실행해야 합니까?"

공자가 대답했다.

"암, 그렇고 말고. 즉시로 실행하여라."

공자의 이 말을 들은 한 제자가 고개를 갸우뚱거리며 물었다.

"스승님께 여쭐 말씀이 있습니다."

"말하라."

"지난번 자로가 오늘과 같은 질문을 했을 때 스승님께서는 '부형과 상담하라'고 말씀하셨습니다. 그런데 오늘 염유의 질문에는 '즉시 실행하라'고 하십니다. 같은 질문인데 대답이 틀린 것은 납득할 수가 없습니다."

이 말을 들은 공자는 빙그레 웃으며 입을 열었다.

"그건 이런 이유에서이다. 자로는 성격이 적극적이어서 남의 일까지도 하려고 하므로 고삐를 잡아당긴 것이다. 그러나 염유는 생각이 너무 깊어서 채찍을 가했던 것이니라. 무릇 모든 일은 그 상대를 보아 법(法)을 설명해야 하느니라."

'공자(孔子)'라는 이름도 인상을 보고 지어진 이름이다. 공자의 부친은 숙량흘(叔梁訖), 모친은 안징재(顏徵在)로 공씨(孔氏)와는 무관하다.

당시의 탁월한 관상가로 고포자(故布子)가 있었다. 그가 공자의 관상을 보니 머리 가운데가 오목할 요자(凹字)처럼 패여 구멍[孔]과 같고 주위가 언덕[丘]처럼 생겼다 하여 공구(孔丘)로 불리어진 것이다.

그때 고포자는 공자의 상을 보고 훗일 위대한 성인이 될 것

을 예견했는데, 《공자세가(孔子世家)》에 이렇게 기록되어
있다.

 日準月角 河目海口
 龍形背龜 眉有十二彩 有四十九表
 後日必 大貴之格

 이마와 코는 해와 달처럼 바르고 눈은 물처럼 고요하며 입은
바다와 같다. 용의 형상과 거북의 등인데 눈썹에 열두 가지의
광채가 있고 마흔아홉 가지의 위표가 있다. 훗일 반드시 크게
귀히 될 상이다.

말하는 타입으로
상대를 꿰뚫는다

인간은 이성이라는 미명하에
비이성적인 행동을 할 수 있는 유일한 피조물
기묘한 인간심리의 메카니즘을 알라

제2장

말하는 타입으로 상대를 꿰뚫는다

인간은 이성이라는 미명하에
비이성적인 행동을 할 수 있는 유일한 피조물

 누구라도 동서고금을 통해 익히 알고 있겠지만, 자기 인생을 개척하여 성공한 사람들에게는 공통 적으로 예리한 선견지명과 관상안(觀相眼)이 있 었다. 또한 아무리 많은 공부를 했다 해도 사람을 볼 줄 아는 혜 안(慧眼)이 없는 사람은 결국에는 필연적으로 거듭되는 실패와 불행으로 몰락했다.

단언하지만, 세상에 우리 인간처럼 간사하고 표변하기 쉬운 동물은 없다. 동물은 본능적으로만 행동하지만 인간은 이성이 라는 미명하에 비이성적인 행동을 할 수 있는 유일한 피조물 이다. 그렇기 때문에 상황에 따라 얼마든지 표변할 수 있다.

필자가 학문적 · 체험적으로 연구한 바에 따르면, 관상만으로 인생은 한 권의 책과 비슷하다.
바보들은 그것을 척척 넘겨 가지만, 영리한 사람은 정성스럽게
그것을 읽는다. 왜냐하면 그는 오직 한 번 밖에
그것을 읽지 못한다는 것을 알고 있기 때문이다.

인간을 판단하는 것은 매우 위험하다. 아무리 좋은 관상도 심상(心想), 즉 인간의 마음 보다는 못하기 때문이다.

여기에 흥미로운 실례가 있다. 촌 무지렁이로 지내고 있던 백범 김구 선생은 어느날 자신의 관상을 보고 매우 실망했다. 자신의 관상 중에서 좋은 구석은 단 한 구석도 없기 때문이었다. 모든 면에서 그저 촌 무지렁이로 지내라는 팔자였다.

그런데 백범의 마음을 이끌었던 말을 쉽게 풀이하면 다음과 같다.

> 만 가지의 상이 좋아도 단 한 가지의 상만 못하다. 그 한 가지의 상은 바로 심상이다.

이 말은 인간의 마음먹기에 따라 타고난 상을 극복할 수 있다는 말이다. 백범은 이 말을 가슴에 깊이 새기고 자신의 의지로써 온갖 부정적인 상을 극복했던 것이다.

초과학적인 시대에 살고 있는 현대인들은 흔히 동양철학—특히 역학이나 관상학—을 팔자소관의 철학 정도로 치부하고 있다. 다시 말하면 점장이들이나 하는, 하나의 미신적인 취급을 하고 있는 것이다. 그러나 그건 무지의 소치이다.

동양철학은 우주의 기본원리이며 지극히 평범한 생활철학이

지 팔자소관의 철학, 즉 운명론이 아닌 것이다.

심층으로 파고들면 서양철학보다 더 깊고 심오하게 인간을 다루고 있다. 인간은 천성적으로 타고난 성품과 운명이 있지만 후천적인 노력에 의해 얼마든지 변할 수 있다는 변증법을 역설하고 있는 것이다.

"성격은 사고를 낳고, 사고는 말을 낳고, 말은 행동을 낳고, 행동은 습관을 낳고, 습관은 운명을 좌우한다"라는 말은 근대 서양철학에서 나온 말이지만, 그 기조는 동양철학에 있다. 관상학에서도 인간의 상이 변한다는 것을 역설하고 있다.

이 말을 설득력 있게 뒷받침하는 학문은 심층심리학(深層心理學)이다. 최면과학(催眠科學)에서는 인간의 사고와 말, 그리고 행동에 대하여 심도 있게 다루고 있다.

이 장에서는 심층심리학과 관상학을 접목하고, 또 여기에 필자의 체험을 덧붙여, 말하는 타입으로 상대를 꿰뚫는 법을 알아 보기로 하자.

우리가 사람을 만날 때 "저 사람은 꼭 이런 사람이다" 하고 생각해도 "아니, 아닐지도 몰라" 하는 의구심이 생길 수도 있다. 그러나 우리는 이런 의심을 나쁘게만 생각할 일이 아니다. 그 속에는 정말로 소중한 지혜가 숨겨져 있는 경우도 있다. 사람은 여러 방면으로 치밀하게 살펴보는 것이 현명할 것이다.

'나는'이란 언사가 많은 사람은
유아적·여성적 성격이 강하다.

기묘한 인간심리의 메카니즘을 알라

사람은 말할 때 반드시라고 말할 만큼 자기의 의
사와 감정이 나타난다. 이렇게 자기의 사상과 감
정을 나타내는 현상이 곧 성격이다. 그러므로 인
간의 성격은 그 사람의 사상과 감정이 움직일 때에 동시에 드
러나는 것이다.

이러한 원리를 알고 상대방이 말할 때 조금만 관심을 갖고
주시해 보면 쉽게 상대방의 성격을 꿰뚫을 수 있다.

정치가들의 연설을 들어 보면 '우리는……'이란 언사를 많
이 사용한다. 그들이 말하는 '우리'라는 표현은 정말 애매하기
그지 없다. 누구를 포함하는 것인지, 또 누구를 대표하는 것인
지 분명하지가 않다.

미국의 한 심리학자의 연구에 의하면 '나'라는 1인칭 단수를
사용하는 사람은 독립심이나 주체성이 강하다고 했다. 그러나
여기에서도 '나는……'과 '내가……'라는 언사에는 차이가
있다.

'나는……'이란 언사가 많은 사람은 유아적 여성적 성격의
소유자이고, '내가……'라는 언사가 많은 사람은 자기현시욕이
강한 사람으로 규정했다.

'우리'라는 1인칭 복수를 많이 사용하는 경우는 개성이 없다. 그래서 집단 속에 묻혀 버리는 형이나 또는 부화뇌동하는 성격의 사람이 많다. 자신을 노출시켜 상처받을 것을 걱정하는 사람은 '우리'라는 말에 의존하는 것이다. 그래서 처세에 능한 사람은 의식적으로 '나'와 '우리'를 적절하게 사용한다.

이처럼 같은 뜻의 말이라도 말하는 방법과 단어에 따라 성격이 다르게 나타나는 것이다.

필자와 알고 지내는 심리학박사 K교수는 좌담회 형식으로 진행된 어느 여성 교양강좌에서 이런 말을 했었다. 기억을 더듬어 인용해 보면 "주부님들, 혹시 남편이 바람을 피우는 것이 아닐까하고 걱정을 하는 경우가 있지요.(수강생들이 이구동성으로 "예"한다) 그러나 조금만 관찰하면 간단히 알 수 있는 방법이 있어요.(누군가 "어떻게요"하고 묻는다) 바람을 피우고 집에 돌아온 남편은 '아내에게 들키면 큰일'이라는 불안감이 잠재되어 있기 마련입니다. 그래서 그 불안감을 감추기 위해 자신도 모르는 사이에 공연히 필요치도 않은 말을 많이 하는 것입니다. 그런 경우에는 남편이 바람을 피우고 있다고 생각해도 틀림이 없습니다.(고개를 끄덕이는 여성이 많았다)"

나는 그 말을 들으면서 심리학자답게 과연 날카로운 지적이라고 생각했다.

큰소리로 주저하지 않고 말하는 사람은
개방적이고 정직하다.

이와 같은 심리는 어디에서나 흔히 볼 수 있다. 평소 과묵하
게 지내던 사람이 갑자기 부자연스러울 정도로 말을 많이 한다
거나 또는 공연히 뺨이나 턱 등 얼굴 여기저기를 연신 손으로
문지르는 등의 행동을 하면, 그 사람은 뭔가 타인이 알아서는
안 될 약점이 생긴 것으로 봐도 무방하다. 또 시험장 같은 데서
다른 사람들은 모두 긴장으로 불안한 얼굴을 하고 있는데 혼자
전에 없이 큰소리로 웃거나 유쾌한 척 하는 사람이 있다. 그런
데 그런 사람일수록 시험 결과가 신통치 않다는 것을 독자께서
도 체험으로 알고 있을 것이다.

인간 심리의 메카니즘은 이처럼 묘한 것이다. 숨기고 싶으면
싶을수록 그것을 무의식 중에 표출하는 것이다.

◩ 큰소리로 주저하지 않고 말하는 사람

생활에 의욕적인 사람은 목소리가 크고 절도가 있다. 큰소리
로 힘차게 말하는 사람은 개방적이며 정직한 성격의 사람이다.
유머 감각도 있고 배포가 크기 때문에 주위 사람들에게 호감을
산다. 다만, 부족한 자기의 실력을 과장하는 허풍선이는 다소
있다. 하지만 악의는 거의 없다.

허풍선이를 감별하려면 다음의 방법을 이용하면 된다.

그의 말이 미심쩍다고 생각되면 마치 그와 눈싸움을 한다는

기분으로 그의 눈을 직시하라. 이때 주의할 것이 있다. 그것은 눈싸움에 상대를 이겨서는 안 된다는 것이다. 한참 동안 상대의 눈을 직시하다가 먼저 시선을 먼곳으로 외면해 보라. 그러면 상대의 심리는 매우 복잡해 진다. 당신이 무슨 생각으로 유심히 노려보다가 시선을 외면했는지를 파악해야 하기 때문이다. 만약 그가 허풍을 떨고 있는 경우라면 화제를 다른 곳으로 돌리거나 목소리의 톤이 낮아지는 것을 느낄 수 있을 것이다.

◈ 상대방이 말할 때 도중에서 가로채는 사람

대화를 할 때 도둑처럼 중간에서 말을 가로채는 사람이 있다. 한참 열심히 말하고 있는데 빈번히 대화를 가로채는 사람은 얄밉기 그지 없다. 아무리 선의로 해석을 하려고 해도 그게 쉽지 않다. 그런 사람은 매사에 자기 본위이며 상대방에 대한 이해와 배려가 없는 이기주의자다.

필자와 알고 지내는 C출판사 M사장과 K대 O교수도 이런 유형의 사람이다. 업무상 가끔 만나고는 있지만 그들과의 만남이 썩 유쾌하지는 않다.

실례로 든 이 두 사람은 개인적인 능력이 있어서 나름대로의 터전을 닦고 있지만 늘 외토리로 지내고 있다. 마음을 나누고 이야기할 수 있는 사람이 없기 때문이다.

　말은 서로 주고 받아야 한다. 상대방의 말을 조용히 경청하는 사람이 설득력 있게 말도 잘하는 법이다.

◆ 빠른 말씨로 계속 떠들어대는 사람

　코메디언 O씨와 K씨의 말을 들어보면 정말 정신이 없을 정도이다. 시청자의 웃음을 유발하기 위한 각본대로 하는 말이지만, 정말로 그런 사람이 있다. 말씨의 속도가 빠르고 계속적으로 말하는 타입은 매우 성급하고 경솔한 성격의 소유자이다.

　이러한 타입의 사람은 실수하는 말이 많고 비밀을 지키지 못한다. 또한 지나치게 과민해서 지레짐작을 잘하는데, 그 지레짐작을 사실로 유포하는 경우도 많다. 다시 말하면 근거도 없는 소문의 근원이 그런 사람의 혀라는 말이다. 덩달아 경솔한 사람은 그 말을 믿고 다른 사람에게 옮겨 실없는 사람으로 낙인 찍히기도 한다. 이런 사람이 그럴 듯한 말을 할 때 그 말의 진의를 알 수 있는 방법이 있다. 그가 했던 말 중에서 아주 사소한 것을 기억했다가 엉뚱한 방향으로 질문해 보는 것이다. 그러면 그는 자기가 무슨 말을 했는지를 잘 모르기 때문에 이쪽의 견제구에 여지없이 걸려드는 것이다.

　필히 기억할 것은, 그런 사람과 아무리 절친한 사이라고 해

속삭이듯 말하는 사람은 비밀이 많다.

도 막중한 비밀을 말하지 말아야 한다. 역으로 소문을 내고 싶은 말은 그런 부류의 사람을 이용하라. '절대 비밀'이란 단서를 달면 더욱 효과가 있다.

◐ 언제나 화난 듯(무뚝뚝하게) 말하는 사람

마치 싸움을 걸 듯 말하는 사람, 언제나 화난 듯 말하는 사람이 있다. 이런 유형의 사람은 앞으로 많이 연구해 볼 가치가 있는 재미있는 유형의 사람이다.

필자의 주변에는 유독 이런 말투의 사람이 많다. 그만큼 확실한 사람이라고 믿기 때문이다.

이런 말투의 사람은 상대에게 좋은 인상을 주지 못한다. 그들도 자신의 말투를 의식하기 때문에 대체로 말이 없는 편이지만 근본은 정직하고 신의가 있다. 이런 사람에게는 진심을 털어놓고 대화를 하면 격의 없이, 변함 없이 사귈 수 있다.

◐ 속삭이듯 말하는 사람

앞서 말한 큰 목소리의 사람과는 반대되는 성격이라고 생각하면 된다. 항상 소근소근 낮은 목소리로 말하는 사람은 몸도 약하고 운세도 약하다. 또 비밀이 많고 신경질적이며 시기심이 많다.

사리를 아는 사람은 자신을 세상에 적응시킨다.
도리를 모르는 사람은 자신에게 세상을 적응시키려고 한다.
　　　－버나드 쇼－

　여기에서 말하는 '속삭이듯'은 목소리가 작다는 것과는 다르다는 것을 밝혀 둔다.
　'속삭인다'는 들릴 듯 말 듯 은근하고 은밀하게 말한다는 뜻이고, '작다'는 그저 목청이 낮음을 뜻한다.
　목소리가 작은 사람도 역시 운세가 약하다. 그런 사람은 지적인 인상을 주기는 하지만 장악력이 부족하기 때문에 사회에서는 경시 당하기 쉬운 타입이다.
　어느 일본인 여자 아나운서의 글 중에 여기에 부합되는 내용이 있어 그대로 인용해 본다.

　　"업무 화합을 겸해서 몇 사람의 남성들과 함께 술을 마시러 갔을 때의 일입니다.
　　남성들은 차츰 흥이나서 한참 유행하는 노래들을 신나게 부르기 시작했습니다. 그 때 외톨로 혼자 떨어져 카운터에서 술을 마시고 있는 사나이가 있었습니다. 어쩐지 그는 외로워 보였습니다……. 신경이 쓰여져 나는 그의 곁으로 다가 갔습니다.
　　이윽고 바의 마담도 합석하게 되어 여성 둘과 그 외로운 사나이는 대화를 나누기 시작했습니다. 작은 목소리로 차분하게 이야기를 하고 있는 그는 고래고래 소리치며 떠들고 있던 다른 남성들보다는 훨씬 지적인 분위기를 자아내고 있었습니다.

다음날 회의 석상에서의 일이었습니다. 엊저녁의 떠들썩 했던 남성은 영업상의 비책을 발표, 그 외로운 사나이도 당연히 아이디어를 냈는데 목소리가 적어서 박력이 없었습니다. 그러나 내용은 대단히 훌륭했던 것입니다.

그런데 최종적으로 채택되었던 것은 화통굴러가는 소리로 떠들어댔던 남성의 것이었지요. 별로 좋은 아이디어는 아니었으나 '저런 박력으로 중역들은 그만 넘어가고 만 것이 아니었을까'하는 생각과 함께, 잘 납득이 가지 않던 나는 얼마 후 중역한 사람한테 질문을 했지요. A씨 안이 훨씬 뛰어난 것 같다고요. 그 중역은 말했습니다. 오늘 회의의 포인트는 어떠한 내용의 안을 채택하는 것이 아니었고 누구의 안을 채택하느냐 하는 것이었다고요.

패기에 차고 박력이 있는 사람의 안에는 모두가 따라오게 마련이고, 제아무리 뛰어난 안이라 하더라도 우물쭈물하고 박력이 없는 사람의 안일 것 같으면 아무도 따라오질 않습니다.

게다가 그 중역은, 남자는 어리광기가 있으면 큰 목소리가 나오지를 않는 법이라고 덧붙였습니다.

그 말에 나는 뜨끔했습니다. 몇 해 전, 내가 아직 아나운서가 채 되기전이었는데 동료들에 비해 내 목소리는 무척 적었

었습니다.

외동딸이어서 형제끼리 싸움을 해본 적도 없었고 아무말 않고 있어도 '뭐 안 먹을래?' '뭐하고 싶니?' 하고 남들이 묻곤 했던 것입니다. 나는 그저 응, 응, 하고만 있으면 갖고 싶은 것이 굴러들어 왔던 것입니다.

그렇게 자라왔기 때문에 큰 목소리가 나오지를 않았던 것입니다. 큰 목소리라고 하는 것은 그렇게 간단히 나오는 것이 아닙니다.

공기가 목청쪽에 있는 성대를 통과함으로써 희미한 소리가 납니다. 그것이 두개(頭蓋)라든가 코, 목청 같은 데 울려서 커다란 소리가 나게 되는 것입니다. 그 '마음껏 울려댄다'고 하는 것이 어리광을 부리며 자라난 사람은 되지가 않는 것입니다. 멋쩍은 경우도 그렇습니다.

영업에서는 이 어릿광과 멋쩍어 하는 것이 큰 적이 됩니다. 외로운 사나이의 안이 다소 뛰어났다 하더라도 채택하지 않고 뭉개버린 중역의 기분을 모르는 바도 아니었습니다. 주변 사람들에게 끼치게 될 영향을 생각해서일 것입니다.

프로 야구팀의 명감독이었던 H씨에게 L팀 중에서 장래성 있는 선수는 누구냐고 물었더니만 O선수와 Y선수 두 사람을 서슴없이 들었습니다. 어째서냐고 물어보았더니 목소리가 우렁차

사회생활에서 목소리가 우렁찬 사람이
먼저 인정을 받는다.

기 때문이라는 것이었습니다.

사람과 사람이 맞부딪는 속에서 싸울 필요가 없는 직업이라면 목소리가 적던, 멋쩍어 하는 성품이건 상관이 없을런지도 모릅니다. 하지만 그렇지 않을 경우에는 목소리가 작은 남성은 그것만으로도 애먹는 것같습니다.

그러면 목소리를 크게 할려면 어떻게 하면 좋을까. 훈련방법을 두 가지 소개해 보도록 하겠습니다. 이것은 나도 한때 해본 방법이었습니다.

첫번째는 목소리가 작은 그이의 곁에서 화통같은 목소리로 마구 떠들어댈 것. '그러다가는 오히려 말을 안할지 모른다'고 생각할런지 모르지만 염려없습니다. 울지 않는 꾀꼬리는 잘 울어대는 꾀꼬리 곁에 놓아 두어 흉내를 내도록 하는 것이 제일입니다. 가만히 내버려 두어서는 안 됩니다.

두번째는 억지로라도 큰 목소리를 내도록 하게 하는 방법. 시끄러운 지하철을 타고 전동차가 요란한 소리를 내고 달리고 있을 때 마구 질문을 퍼부어 대는 것입니다. 별 수 없이 목소리를 크게 내어 대답하게 될 것입니다. 전동차가 왈캉 멎었을 때는 그는 아마도 큰소리로 지껄이고 있을 것입니다.

그 때 '어머 당신, 큰 목소리가 나오지 않아요'하고 한마디, 이것으로 그는 스스로도 '아, 그래'하고 큰 목소리를 내는 요

령을 터득하게 될 것입니다."

◘ 상대방을 바로 보지 못하고 말하는 사람

대화를 할 때 상대방을 정면으로 바라보지 못하고 말하는 사람이 있다. 흔히 우리는 그런 사람을 수줍음을 많이 타는 소심한 사람이라고 생각하기 쉽다.

어느 정도는 근거가 있는 말이지만 심리학적인 측면에서 보면 큰 오산일 수도 있다. "상대방을 똑바로 보고 말하지 못하는 것은 무엇인가 마음에 캥기는 것이 있기 때문이다."라고 정의를 내리고 있다. 이 말처럼 어떤 떳떳치 못한 사상을 마음속에 감추고 있는 사람은 상대방을 직시하지 못한다.

 여기에도 재미있는 사실이 하나 더 있다. 사람은 천성적으로 타인을 오래 직시할 수 없다고 의학적으로 증명되고 있다. 이 부분에 대해서는 심리학과 의학의 미묘한 이율배반을 느낄 수 있는데, 알고 보면 이 수수께끼는 쉽게 풀린다.

평범한 사람이 자신과는 동떨어지게 다른, 즉 스케일이 너무 큰 사람과 대면했을 때는 무의식적으로 시선을 피하게 되어 있다. 또 자신이 감당하기 힘들 정도의 아주 빼어난 미모의 이성을 만났을 때도 같은 현상을 보인다. 이 말은 상대에게 위축

윗사람에게 정중하고 아랫사람에게
방자한 사람은 교활하다.

되었을 때 시선을 회피한다는 말이다.

노동부장관을 지냈던 L박사는 언젠가 취재차 찾아간 필자에게 이런 말씀을 했었다.

"직위가 높은 사람과 대화할 때 시선을 피하는 사람은 겸손하지만 배포가 작아요. 반면에 똑바로 응시하며 대화하는 사람은 야심과 능력을 갖추고 있다고 생각해도 과히 틀리지는 않아요. 나도 인사권을 행사할 때 그 점을 중시하지요."

그때 L장관은 필자가 너무도 당당히 당신과 시선을 마주했기 때문에 그런 말씀을 했으리라 생각한다.

여기에서 주의할 포인트가 있다. 소심하거나 겸손한 사람의 경우는 가끔 눈을 마주치더라도·똑바로 고개를 들고 보고 이내 피한다. 그러나 치떠보았다가 눈길을 피하는 사람은 음흉하고 간교하기 때문에 요주의 인물이다.

◘ 윗사람에게 정중하고 아랫사람에게 방자한 사람

평소에도 겸허하던 사람이 상점의 점원이나 음식점의 종업원 등 만만한 사람 앞에서는 짐짓 어깨에 힘을 넣고 교만하게 말하는 사람이 있다.

이런 사람은 교활한 성품의 사람인데, 내심에 억압된 불만, 절박한 불만 같은 것을 숨기고 있다. 또 이런 유형의 사람들은

턱을 치켜들고 눈만 아래로 비스듬히 내리까는
사람 중에는 음침하고 음험한 사람이 많다.

표변하기를 잘하는 해바라기형의 사람이다. 상대가 순탄할 때
는 손을 비비며, 온갖 아부를 하다가도 불행에 처했을 때는 냉
정히 돌아서는 것이다. 때문에 주위로부터 신망을 잃어 언젠가
는 반드시 실패한다.

사람이란 늘 겸손해야 한다. 상사와 부하를 대함에 있어 치
우침이 없이 겸손한 사람의 운세가 좋은 것이다.

◀ 턱을 치켜들고 눈만 아래로 비스듬히 내리까는 사람

관상학에서 턱은 물질에 대한 여유를 나타낸다. 턱에 대한
자세한 것은 다음 장에 기술하기로 하고 여기에서는 심리학적
인 측면을 말하겠다. 턱을 치켜들면 상대방은 공격을 당했다고
느끼게 된다. 여기에 눈만 아래로 비스듬이 내리깔고 흘깃거리
면 영락 없이 기분 나쁜 '책략가의 표정'이 된다.

시험삼아 당신도 거울 앞에 서서 한번 해보라. 거울에 비친
자신의 얼굴이지만 '뭐 저래'하고 여겨지는 표정을 볼 것이다.

사람은 거만하고 잘난 체하며 방심하고 있을 때 곧잘 이런
모습을 나타내게 되는데, 보는 사람의 입장에서는 정말로 무례
하기 짝이 없다.

이런 타입은 음침하고 음험한 사람이 많다. 허풍이 심하기
때문에 신용하면 큰 낭패를 당하기도 한다.

대화 중에 궁상을 떠는 사람은
무척 불행한 타입이다.

　필자의 주변에도 이런 사람이 몇 있다. 그들은 모두 실력은
있는데 크게 인정받지는 못하고 있다. 본인의 의사와는 상관없
이 상대방에게 적의와 불쾌감을 품게 해 주기 때문에 손해를
보고 있는 것이다.
　만약 당신이 이런 유형의 사람이라면 부단히 노력하여 고쳐
야만 운세가 강해진다.

◘ 대화 중에 궁상을 떠는 사람

 　대화를 할 때 늘 우는 소리를 하며 궁상을 떠는
사람이 있다. ‘죽을 지경이다’, ‘죽지 못해
산다’, ‘장사가 너무 안 된다’ 등등의 부정적인
말만을 늘어 놓는 사람이 있는데, 이는 무척 불행한 타입이다.
말하는 사람의 입장에서는 어떤 동정을 바라고 그런 말을 하는
지는 모르겠지만 필연적으로 그 말이 씨가 되는 것이다.
　심리학에서는 ‘암시(暗示)’의 중요성을 유난히 강조한다. 암
시라는 것을 쉽게 설명하면, 사람에게 주어진 말이나 자극 등
을 이성에 호소함이 없이 무비판적으로 받아들여 잠재의식 속
에서 하나의 강한 힘을 형성하는 것을 말한다. 그것이 어느 때
에 이르러서는 지각, 관념, 의도, 신념, 행위 등으로 표출하게
되어 있기 마련이다.

말은 강한 자기 암시이다. 부정적인 말로 궁상을 떠는 사람
은 마치 자석이 쇠붙이를 끌어들이듯 그 말처럼 되는 것이다.

흔히 현대인들은 자신의 오관(五官)으로 느낄 수 있는 것에
대해서만 믿는다고 용감한(?) 확신을 한다. 그 용감한 확신이
어디에서 나오는 것인지는 모르지만, 필자가 보기에는 실로 딱
한 일이 아닐 수 없다.

인간의 오관, 즉 감관(感官)들은 가끔 인식을 잘못함으로써
스스로 속는 수가 많다. 사람들은 속아 지낼 때가 많으며, 특
히 무엇에 대해 기대하고 있는 상태에서는 더욱 그렇다.

필자의 저서 《깨달음을 얻은 바보》에 눈[目]에 대하여 이런
글을 썼었다.

사람의 인체 중에서 가장 진실한 부분이 눈이다. 눈은 있는
그대로를 본다. 또 본 것에 대해서는 믿는다. 거지가 왕자 옷
을 입었을 때 왕자로 믿고, 왕자가 거지 옷을 입었을 때는 거지
로 믿는다.

이렇듯 눈은 너무도 진실하기 때문에 곧잘 속기도 한다. 그
럴싸한 치장에 현혹 당하기 쉽다.

눈으로 직접 보았다고 해서 그것을 절대적인 진실이라고 생
각하는 것은 위험하다. 확고한 진실로 믿는 그 마음에 의외로

제스추어가 큰 사람은 자기 주장이 강하다.

큰 함정이 숨어있는 경우도 많기 때문이다.

같은 인간이, 어떤 사람에게는 선인으로, 어떤 사람에게는 악인으로 보인다. 또한 어떤 사람에게는 매력이 있는 사람이 어떤 사람에게는 전혀 매력 없는 사람으로 비춰지기도 한다.

인간은 자기의 눈과 자기를 둘러싼 주위사정에 비치는 것밖에 볼 수가 없기 때문이다.

성공적인 인생을 가꾸기 위해서는 먼저 긍정적인 사고와 긍정적인 말을 사용해야 한다. 그렇게 하면 머지않아 놀라우리만큼 운이 열려지게 되는 것이다.

◘ 제스추어가 큰 사람

사람이 대화를 할 때 큰 비중을 차지하는 것이 제스추어다. 언어학에서는 보디 랭귀지(body language)라고 하는데, 때에 따라 말보다 더한 웅변을 하기도 한다.

육체언어를 연구해 보면 참으로 재미있는 현상을 발견할 수 있다. 대화 중의 사소한 동작은 무의식적으로 행해지는 것이므로 본인 스스로는 깨닫지 못하는 경우가 많다. 뭔가 어려운 문제를 생각할 때 공연히 방안을 거닌다든가 몸을 흔든다. 머리를 긁기도 하고 쓸데없이 손발을 움직이기도 한다. 또 가만히 앉아 있지 못하고 무릎 따위를 방정맞게 떠는 경우도 있다.

 어느 해 겨울이던가. 필자는 여행을 하다 한 매혹적인 아가씨를 만났다. 강릉행 고속버스에서였다. 필자의 옆자리에 앉은 대학생 타입의 그녀는 꽤나 탄탄한 미모의 소유자였다. 이목구비가 뚜렷했다. 시원스럽게 큰 눈은 약간 물기를 머금고 강렬한 빛을 발하고 있었다. 얼굴은 약간 거만한 느낌을 줄 정도로 위로 쳐들고 있었는데 그런 포즈 때문에 동굴(콧구멍)이 보였다.

필자는 그녀를 보고 한눈에 음란한 성품을 가진 여자라는 것을 느낄 수 있었다.

대관령 고개를 넘어서면서부터 폭설이 쏟아지기 시작했다. 구비구비 대관령 고갯길엔, 순식간에 쌓인 눈은 차량 통행을 흡사 거북이처럼 더디게 했다.

오후 3시에 서울을 출발했는데도, 강릉에 도착했을 때는 밤 10시가 넘었다. 버스에 갇혀 있던 일곱 시간, 우리는 많은 이야기를 할 수 있었다. 인생을 얘기하고, 문학을 얘기하고, 사상을 교환했다. 이미 필자가 그녀의 성품을 꿰뚫고 있었기에 대화는 유쾌하게 진행되었다.

강릉에 도착한 후, 우리는 정류소 부근의 찻집으로 들어가 뜨거운 커피를 마셨다. 차를 마시는 동안 그녀는 지나치게 찻

여성이 머리털을 자주 매만지는 것은
성적 욕구의 표현이다.

잔을 만졌고, 빈번히 자신의 머리결을 매만지며 스커트 자락에
신경을 썼다.

　필자는 그 동작 하나하나에서 그녀의 마음을 읽을 수 있
었다. 그래서 쉽게 그녀와 함께 밤을 지낼 수 있었다. 그렇지
만 결단코 독자께서 상상하는 그런 일은 하지 않았다.

　필자가 한눈에 그녀를 음란한 성품의 여자로 규정한 것을 관
상학적으로 풀이하면 다음과 같다.

　여자가 얼굴을 위로 쳐드는 상, 동굴이 빤히 보이는 여자,
큰 눈 속에 물기가 있고 눈빛이 너무 빛나는 것은 선천적으로
색을 좋아하는 성품인 것이다.

　그녀는 그런 성품을 차를 마실 때 유감 없이 행동으로 웅변
했다. 분석심리에서 여성의 머리털은 주요 성감대 중의 하나로
규정하고 있다. 때문에 머리털을 자주 매만지는 것은 마음속에
성적 욕구를 느끼고 있다는 것을 말하고 있는 것이다.

　비단 성감대뿐 아니라, 성감대 주변에 손이 간다는 것도 비
슷한 심리에서 우러나온 몸짓이다. 다리를 자꾸 어긋모은다든
지 스커트 자락을 자꾸 끌어내리는 동작도 그것이다.

　이상의 예와 같이 사람의 심리상태가 무의식 중에 제스추어
에 나타나는 것이다.

　제스추어가 큰 사람은 자기 주장이 강하다. 또한 표현력이

비난도 끝까지 듣는 사람은 생각이 깊고 배포도 크기 때문에 장래가 촉망된다.

풍부하고, 화려한 연출을 좋아하는 경향이 있기 때문에 대중적인 인기를 얻는 직업의 사람이 많다.

여기에서 주의할 점은, 평소에 제스추어를 하지 않는 사람이 전에 없이 큰 제스추어를 할 때가 있다. 이 때는 무엇인가 자기의 뜻을 상대에게 먹혀들어가게 하려는 경우이므로 경계할 필요가 있다.

◐ 비난도 끝까지 듣는 사람

현명하게 말을 잘하는 사람은 먼저 남의 말을 잘 듣는다. 자신과 견해가 틀리다 해서 '그건 아니다'라고 즉각 말을 끊지 않고 끝까지 듣는다. 아무리 심한 공격을 당해도 묵묵히 다 듣고 나서 당당하게 반론한다. 이런 사람은 생각이 매우 깊고 배포도 큰 사람이므로 장차 큰 일을 하게 될 가능성이 많다.

좌중에서 대화의 주도권을 잡고 쉴새 없이 말하는 사람은 대개 실속이 없다. 그러나 남의 말을 끝까지 경청하고 나서 말하는 사람은 문제의 핵심을 정확히 파악하고 간결하게 말할 수 있으므로 설득력도 강하다.

◐ 실패담을 섞어서 말하는 사람

현대를 자기 PR시대라고 한다. 그러나 항상 자기 자랑을 하는 사람은 별 재미가 없는 성품의 사람이다. 얼핏 생각하면 자신감이 넘치기 때문에 나온 말로 들리기도 하는데 큰 착각일 수가 있으니 주의해야 한다.

 사람의 심리란 묘한 것이다. 스스로 약점이라 생각하는 부분에 대해서는 지나치게 미화하고, 부풀려 말하는 경향이 많은데 몇 가지 대표적인 실례를 들면 다음과 같다.

교양이 없음을 약점으로 생각하는 사람은 난해한 책을 들고 다니거나 외국어를 사용하는 등의 과시 행동으로 자신의 약점을 은폐하려고 한다.

자신의 실력이 제대로 인정되고 있는가에 대해 불안을 품고 있는 사람은 바쁘지도 않으면서 짐짓 다망함을 과시해서 그 불안을 해소하려 한다.

남편에게 사랑을 받지 못하는 아내는 어느날 갑자기 요란한 옷차림을 하거나, 귀금속 및 악세서리 등을 사서 주변의 사람들에게 남편이 선물했다고 자랑한다. 그것은 아직 남편의 사랑을 잃지 않고 있는 것처럼 보이고 싶은 심리에서이다.

이상의 실례에서처럼 열등감은 강한 반동으로써 나타나는 것이다. 반면에 자신의 실패담을 이야기할 수 있는 사람은 마음의 여유가 있고 열등감도 적은 사람이라 할 수 있다. 특히 친밀

한 남자들의 경우 Y담을 곧잘 하는데, 이때 실패담이 훨씬 감
칠맛나고 유쾌한 것이다. 실패한 Y담 X담이 얼마나 감칠맛나
는 것인가는 필자의 저서 《신사는 Y담을 좋아하고 숙녀는 X담
을 사랑한다》에 잘 나타나 있다.

◘ 말투나 행동에 나타나는 인간심리 50 가지

① 대화 중에 '나는……'이란 말을 많이 쓰는 사람은 유아적이
   고 여성적 성격을 가지고 있다.
② '내가……'라는 말을 많이 쓰는 사람은 자기현시욕이 강한
   이기적인 성격을 가지고 있다.
③ 1인칭 단수인 '나'보다도 1인칭 복수인 '우리'를 연발하는
   사람은 부화뇌동하는 성격으로 책임을 회피하는 경향이 강
   하다.
④ 농담을 농담으로 잘 받아 넘기지 못하는 사람은 대체로 시
   야가 좁다. 그렇기 때문에 한번 생각하면 끝까지 고수하는
   경향이 강하다.
⑤ 감정을 표면에 드러내지 않는 사람은 직접적인 표현보다 빈
   정거리기를 잘한다.
⑥ 험담이나 빈정거림은 상대방에 대한 감정적 비판이기 보다
   는 자신이 상대방보다 우위에 서려는 욕망을 숨기는 트릭

외국어를 많이 쓰는 사람은 지적 열등감이 강하다.

이다.

⑦ 사람은 우연히 나쁜 사람을 만나면 그 직업을 가진 모든 사
람에게도 같은 편견을 갖게 된다.

⑧ 난해한 책을 가지고 다니거나 외국어를 많이 쓰는 사람은
지적으로 열등감을 갖고 있다.

⑨ 지적으로 열등감을 가지고 있는 사람은 아주 사소한 일에
트집을 잘 잡는다. 문장에 자신감이 없는 작가 · 편집자일수
록 오자 한 자, 탈자 한 자를 가지고 호들갑을 떨지만, 실력
있는 사람은 대수롭지 않게 넘긴다.

⑩ 유능한 사람을 무의식 중에 멀리하는 사람은 자신의 능력에
자신감이 없다.

⑪ 여성에게 갑자기 친숙한 언사를 쓰는 남성은 무엇인가 흑심
을 품고 있다는 증거이다.

⑫ 상사 · 동료와의 관계가 순조롭지 않은 사람은 가정을 정도
이상으로 중요시하며 직장에서의 인간 관계에 대하여 무관
심을 가장한다.

⑬ 바람을 피우고 있는 남자는 평소와는 다르게 쓸데없는 말
을 많이 하거나 특별히 다정하게 아내를 대한다.

⑭ 의도적으로 조잡한 말투를 쓰는 사람은, 상대방보다 우위에
서고 싶다는 심리의 표출이다.

⑮ 대체로 남을 평가하는 말은, 기본적으로 자기 자신에게 유리한 형태로 왜곡시키게 마련이다.

⑯ 남이 정한 메뉴에 언제고 동승하는 사람은 협조성이 풍부하나 독창성이 결여되어 있다.

⑰ 어머니에 관한 이야기를 자주하는 사람은 아직 정신적으로 성인이 되어 있지 않는 사람이다.

⑱ 교실과 강연장과 같은 장소에서 뒷자리에 앉으려는 것은 강의에 대한 의욕이 약하기 때문이다.

⑲ 인간은 자신의 욕구를 직접적으로 충족시킬 수 없을 때, 토라지거나 침묵을 지키는 유아적 행동으로써 그러한 자기의 약점을 커버하려 한다.

⑳ 대화 중에 저명인사를 자주 인용하는 사람은 권위주의적인 사람이 많은데, 상대에게 인정받고자 하는 심리의 표출이다.

㉑ 상대방의 추궁을 피할 수 없는 것이 약점인 사람은 주제와는 아무 관계도 없는 이야기를 장황하게 늘어놓아 핵심에 접근하는 것을 피한다.

㉒ 직장생활에서의 지위나 대우, 또 업무상에 어떤 약점을 가진 사람은 다른 이야기는 막힘 없이 잘하다가도 업무에 관

스스로 부정적인 정사를 많이 상상하는 여자는
성에 관해서 눈살을 찌푸리고 비판한다.

와!
기똥차군

한 이야기가 나오면 입을 다물어 버리거나 괜한 짜증을
낸다.

㉓ 유명 브랜드에 집착하는 사람은 욕구불만·콤플렉스의 변칙
적인 표현이다.

㉔ 대부분의 사람은 마음에 강한 욕구나 기대가 있으면 오히려
정반대의 행동을 한다. 이런 심리 메카니즘을 분석심리에서
는 '반동 형식(reaction formation)'이라 한다.

㉕ 자신 스스로가 부정적인 정사를 많이 상상하는 여자는, 주
간지 등에 실린 타인의 정사 스캔들에 눈살을 찌푸리며 노
골적으로 비판한다.

㉖ 사람은 금지된 일에 대해서는 더욱 해보고 싶은 욕망을 갖
고 있다.

㉗ 사람은 정당한 권위, 정당한 상황에서 내려진 명령에는 비
판없이 복종한다.

㉘ 여자 앞에서 자기가 수많은 여성한테 호감을 사고 있음을
은연 중에 뽐내는 남자는 소심하고 자신이 없는 경우가
많다.

㉙ 연애 시절 키스할 때 양해를 구하는 남자는 결혼 후에 잔소
리꾼 남편이 된다.

㉚ 공상적인 꿈을 자주 늘어놓는 남자는 현실로부터 도피하려

매번 데이트 비용을 전담하는 남성은 융통성이 없고 고지식하다.

는 경향이 강하다.

㉛ 매번 데이트 비용을 전담하려는 남자는 시대 변천에 둔감하고, 머리가 굳어 있기 때문에 생활의 모든 면에서 융통성이 없다. 결혼 상대자로는 요주의 인물.

이런 심리의 이면을 분석해 보면, 대체로 보상 행위에서 나오는 메카니즘이다. '없으면서도 있는 척'하는 심리의 표출인 것이다.

㉜ 여성의 질문은 이미 알고 있는 답을 확인하기 위한 경우가 대부분을 차지한다.

㉝ 남들 앞―특히 여성과의 데이트―에서 돈을 거침없이 쓰는 남자는 개인주의적인 성향이 강하다. 이런 남자일수록 일단 결혼하고 나면 아내에게 인색하고 잔소리꾼이 된다.

㉞ 자신의 건강에 필요 이상으로 민감한 남자는 신경질적이고 자기중심적이다.

㉟ 비록 금액은 적을망정 내기를 좋아하는 사람은 도박에 빠지기 쉽다. 이런 유형의 사람은 대개 끈기가 없고 의지가 박약하기 때문에 그 운세는 하락하는 주식과도 같다.

㊱ 정신적으로 긴장해야 할 장소(시험장 같은 장소)에서 큰소리로 떠들어대거나, 평소와는 다르게 유쾌한 사람이 있다. 언뜻 보기에는 자신감이 넘쳐서 그런 것 같지만 실제로는

밖에서 돈을 펑펑 쓰는 남성은 아내에게는
지나치리만큼 인색하다.

그 반대라고 보아도 무방하다.

㊲ 패션에 무관심한 척 하는 여자의 심리에는 남들보다 더욱 잘 치장하고 싶다는 강렬한 소망이 반동으로 표출된 것이다. 여성은 천성적으로 몸치장에 지대한 관심을 가지고 있다.

㊳ 회사나 다방 등지에서 책상이나 테이블 위에 팔꿈치를 세우고 양손으로 깍지를 끼는 동작을 나타내는 여성, 상대방이 자기의 내면 세계로 들어오는 것을 경계하고 있다.

㊴ 남편이 몸주변에 있는 아내의 물품 등을 신경질적으로 자꾸 치우려들면 사랑하는 마음은 이미 식어있음을 나타낸다.

㊵ 사모하고 있는 남성이 자기를 거들떠 보지도 않을 때 여자는, 오히려 그 남자가 자신을 유혹하고 있다고 말한다.

㊶ 붉은 색을 좋아하는 여성은 무슨 일이든지간에 극단적인 행동을 취하기 쉽다.

㊷ 옷의 색깔이나 형태 등을 칭찬받고 기뻐하는 여성은 성적인 감수성이 예민하다.

㊸ 입술을 밤거리의 여자처럼 새빨갛게 칠하는 것은 남성을 능가하려는 의도가 있다. 이런 여성 중에는 상상외로 교육 수준이 높고 실력 있는 여자가 많다.

㊹ 여성이 다방 등지에서 자신의 컵에 먼저 설탕을 넣는 것은

상대방에 대한 거부의 표시이다.

㊺ 약속을 어기고 핑계부터 대는 남자는 매사에 자기 본위로 행동하는 경향이 강하다. 또한 이런 남자는 대개 결혼후 부부 싸움을 잘한다.

㊻ 여성이 곁눈질로 볼 때는 상대방에게 강한 관심을 품고 있다는 증거이다.

㊼ 코를 만지면서 엉거주춤한 자세를 취하면, 상대방의 말에 의구심을 나타내고 있다.

㊽ 의도적으로 배를 내미는 포즈를 취하는 사람은 상대방을 위압하여 자기가 우위에 서려는 지배욕의 표현이다.

㊾ 동성끼리 팔장을 끼거나 무리지어 다니는 여성은 남성의 유혹을 바라고 있다.

㊿ 아장아장 걷는 남자는 소심하고 배짱이 없다. 언뜻 보기에는 호탕해 보이더라도 그것은 허울뿐이다. 이런 타입은 표변하기를 잘한다.

신통한 관상장이 노인

옛날 지방의 한 장사꾼이 거금 10만 냥을 가지고 한양으로 물건을 사러 나왔다. 그런데 그만 못된 사기꾼을 만나 밑천을 다 날리고 겨우 3천 냥만이 수중에 남게 되었다.

상심한 가슴을 애써 달래며 힘없는 발걸음을 고향으로 향하는 길에 어느 고을을 지나치게 되었는데, 문득 간판 하나가 눈을 끌었다.

'관상 한 번 보는 데 천 냥'

얼마나 관상을 잘 보는지는 몰라도 한 번 보는 데 천 냥이라면 기막힌 액수였다. 그러나 어쩐지 마음이 동해서 그 집으로 들어갔다.

방으로 들어가니 하얀 수염을 가슴까지 늘어뜨린 노인이 눈을 지그시 감고 가부좌를 틀고 앉아 있었다. 장사꾼은 한참 동

운명은 뜻이 있는 자를 안내하고,
뜻이 없는 자를 질질 끌고 다닌다.
—클레안테스—

안이나 노인이 눈을 뜨기를 기다렸으나 '왜 왔느냐'는 말 한
마디 없었다.
　기다리다 지친 장사꾼은 생각 끝에 천 냥을 내놓으며 물
었다.
　"소인의 관상을 보아주십시오."
　그 말이 떨어지기가 무섭게 노인은 형형한 안광으로 장사꾼
을 잠시 쏘아본 후 다시 눈을 감으며 말했다.
　"남들이 질러 가거든 당신은 돌아가시오."
　그 한 마디 뿐이었다. 장사꾼은 또 무슨 말을 더 하겠지 하고
기다렸으나 노인은 눈을 지그시 내려감은 채 묵묵부답이었다.
　'나원 참, 단 한 마디에 천 냥이라면 너무 비싸지 않은가.'
　장사꾼은 마음속으로 그렇게 생각했지만, 어떤 끌림이 있어
다시 천 냥을 내놓았다.
　"한 마디만 더 일러주십시오."
　"남들이 밉다고 하거든 당신은 곱다고 하시오."
　또 이 한 마디 뿐이었다. 장사꾼은 하도 답답해서 또 천 냥을
내놓고 자세한 설명을 부탁했다. 그러나 기대하던 설명은 하지
않고,
　"곱거든 기시오."
하는 말로 끝냈다.

　순식간에 3천 냥을 날린 셈이었다. 장사꾼은 더 묻고 싶었지
만 가진 것이 없어 그럴 수도 없었다.

　빈털터리가 된 장사꾼은 그 집을 나와 집을 향하여 발걸음을
내딛었다. 터벅터벅 힘없는 발걸음 소리가 처량하기 그지 없
었다.

　"내가 미친놈이지. 사기꾼에게 장사 밑천을 말아먹고도 부족
해서 엉터리 관상장이에게 노자마저 털리다니……."

　장사꾼이 그렇게 중얼거리며 얼마를 걸었을 때, 눈앞에 큰
재가 나타났다. 재 앞에는 많은 장사꾼들이 모여 웅성거리고
있었다.

　"서둘러 재를 넘어갑시다. 산 밑으로 돌아가면 30리 길이 넘
습니다."

　"날도 저물어 가는데……, 혹 산적이라도 만난다면 큰일이잖
소!"

　"그렇다고 해서 지름길을 두고 먼길을 돌아가잔 말씀입니
까?"

　장사꾼들은 이렇게 재를 넘자, 돌아가자로 의견이 양분되어
한동안 갑론을박했다. 그러다가 마침내는 재를 넘는 쪽으로
의견을 모았다.

　"우리의 수효가 많으니 산적들도 함부로 근접치 못할 것입

니다. 자, 더 어두워지기 전에 서둘러 재를 넘읍시다."

재를 넘자는 쪽으로 의견이 모아지자 이 장사꾼도 일행을 따라 가려고 했다. 그런데 문득 좀전에 관상장이 노인한테 들은 말이 뇌리를 쳤다.

"남들이 질러 가거든 당신은 돌아가시오."

그 말이 마음에 걸려 혼자만 산 밑으로 나있는 좁은 길을 택해 돌아갔다.

재 넘어에 있는 주막에 도착했을 때는 이미 이슥한 밤이었다.

30리가 넘는 산길을 혼자 걸었으니 늦은 것은 당연했다.

"망할 놈의 늙은이 때문에 괜한 고생을 했어."

장사꾼은 이렇게 투덜거리며 주막으로 들어 갔다. 이때 주막집 주인이 나오며 깜짝 놀란 얼굴로 소리치듯 말했다.

"아, 아니! 댁은 용케도 봉변을 면하셨구료."

"그게 무슨 말씀이오."

"오늘 해질녘에 재를 넘던 장사꾼들이 산적들을 만나 모두 봉변을 당했다오. 재물은 물론 목숨까지 빼앗겼는데, 댁은 무사하니 하늘이 도운 것 같소 그려."

주막집 주인의 말을 들은 장사꾼의 등골에 식은땀이 흘러내렸다.

‘아뿔싸, 큰일 날 뻔했구나 ! 천 냥이면 싸다. ’

그런 일이 있고 나서 며칠 후, 장사꾼은 어느 해변 마을을 지나게 되었다.

그 마을에서 우연히 정말 형용할 수 없도록 흉하게 생긴 물짐승을 보게 되었다. 어부의 그물에 걸려든 물짐승이었는데, 너무 흉칙하게 생겨 바닷가에 내버린 것이었다.

“무슨 놈의 짐승이 저리도 흉칙하게 생겼나 ? 에잇, 퉤퉤 ! ”

“정말 더럽게도 흉물이군 그래 ! ”

“꿈에 보일까 무섭네.”

지나는 사람마다 모두 침을 뱉고 욕을 했다.

‘남이 밉다거든 곱다고 하랬지 ! ’

장사꾼은 관상장이 노인의 말이 생각났다. 그래서 그는 괴물 가까이 다가가서 이리저리 살펴보고 나서,

“허, 참으로 세상에서 보기 드문 영물이다. 이쯤의 외모를 지니고 어찌 조화가 없으랴 ! 그 짐승 정말이지 잘도 생겼다. 잘도 생겼어.”

하고 칭찬하며 감탄했다. 그러자 그 물짐승은 놀랍게도 사람처럼 눈물을 흘리며 잽싸게 바닷물 속으로 들어가 버렸다.

‘신비스런 물짐승이로군. 물짐승이 눈물을 흘리다니……. 마치 내 말을 알아 듣고 눈물을 흘리는 것 같군.’

세상에는 물고기를 잡을 수 있는 사람과
다만 물을 탁하게 하는 사람이 있다.
　－중국의 속담－

　장사꾼은 이런 생각을 하며 다시 길을 재촉했다. 얼마간 걸
었을 때, 모퉁이가 보이는 저쪽 바위 뒤에서 청색의 옷을 입은
귀공자가 불쑥 나타나더니 그를 향해 다가와서 공손히 인사를
했다.

　"아니, 공자께서는 누구신데 저처럼 미천한 사람에게 인사를
……."

　장사꾼이 몸둘 바를 몰라하며 말끝을 흐리자 청년이 빙그레
웃었다.

　"저는 방금 저쪽에서 선생께서 칭찬하시던 물가의 흉칙한 짐
승입니다."

　"아, 아니! 그럴 수가……, 대체 그게 무슨 말씀이십니
까?"

　"선생께서 놀라시는 것도 무리가 아닙니다. 그러나 놀라지
마시고 제 말을 들어보십시오."

　"……!?"

　장사꾼이 눈만 깜빡거리고 있자 청년이 말을 시작했다.

　"저는 본시 용왕의 아들입니다. 그런데 큰 죄를 짓게 되어
용왕이신 아버지의 노여움을 사 흉한 물짐승의 탈을 쓰게 되었
던 것입니다."

　"무슨 죄를 지으셨는데요?"

  장사꾼은 궁금증을 이기지 못해 물었다.

  "하하, 아버지 몰래 연애를 했었습니다."

  "연애 한번 한 것이 무슨 죽을 죄라고 그런 가혹한 벌을 내리시다니, 너무 하셨던 것 같습니다."

  "어쨌든 저는, 제 꼴을 보고 곱다고 칭찬을 해 주는 사람이 있어야 허물을 벗을 수가 있었습니다. 그러나 그 꼴을 보고 누가 곱다고 칭찬해 주겠습니까? 10 년이 갈지 20 년이 갈지 몰라 안타까워하고 있던 차에 선생께서 저를 구해주신 것입니다."

  "아하, 그게 그렇게 된 것이었군요."

  "고맙다는 인사로 선생께 이것을 드리겠습니다."

  청년은 팔각형의 오색찬란한 보석을 장사꾼에게 건네주며 말을 이었다.

  "보시다시피 이 보석은 여덟 모가 난 것으로써 한 모마다 소원 한 가지씩을 들어 줍니다. 선생의 소원 여덟 가지를 이룰 수 있으니 유용하게 사용하십시오. 장사꾼은 그것을 받고는 희망에 벅차 고향으로 돌아왔다. 그립던 집 대문에 들어서니 아내가 버선발로 뛰어나오며 맞이했다.

  "서방님! 타관객지에서 얼마나 고생이 많으셨습니까. 어서 방으로 드십시오."

아내의 말투는 전에 느끼지 못했던, 반가움으로 떨고 있었다.

'이 사람이 오늘따라 왜 이렇게 나를 반갑게 맞이 하지? 목소리까지 떨고 있지 않은가. 혹시 내가 귀한 보석을 얻은 것을 이미 알았단 말인가!'

장사꾼은 그런 생각을 하며 아내의 얼굴을 유심히 살폈다. 곱게 화장한 얼굴에서 짙은 화장 냄새가 물씬 풍겼다. 기생 뺨을 치게 곱게 단장한 것을 보고 나서, '여러 달이나 내가 집을 비웠는데 이렇게 곱게 차리고 있다니…….'

하는 의심이 부쩍 들었다. 그러자 그때 관상장이 노인의 말이 생각났다.

'곱거든 기어라!'

장사꾼은 얼른 엎드려서 기어 들어갔다. 그런데 마루 밑에 웬 사나이가 숨어 있는 게 눈에 띄었다.

"웬놈이냐!"

그 사나이는 아내의 정부(情夫)였다. 벌벌 떨고 있는 아내와 함께 결박하여 관가에 넘겼다. 그런 후에 생각하니 참으로 관상장이 노인이 신통하기 그지 없었다.

'이렇게 척척 맞는다면야 3만 냥이라도 싸다 싸!'

제3장

동작을 보고
상대를 파악한다

앉은 모습으로 사람을 파악한다
걷는 모습으로 사람을 파악한다
키스하는 스타일로 사람을 안다
운전 습관으로 사람을 파악한다

제3장

동작을 보고 상대를 파악한다

앉은 모습으로 사람을 파악한다

 우리는 멀리서 걸어가는 사람의 모습만 보고서도 그 사람이 누구인지 아는 경우가 많다. 또한 앉은 자세를 보고 그 사람의 성품을 파악하곤 한다. 사람의 행동, 즉 일거수일투족(一擧手一投足)에는 예외 없이 그 사람의 성품이 드러나게 된다.

흔히 사람들은 관상을 보는 것을 '얼굴을 보는 것'으로 생각하기 쉽다. 그러나 관상이란 얼굴만을 뜻하는 것이 아니다. 관상학은 몸 전체의 외견(外見)의 특징과 동작으로부터 사람의 심적 특성을 알아내는 학문이다. 올바른 관상을 보려면 머리 끝에서 유방, 배꼽을 비롯하여 발 끝까지 샅샅이 보아야만 한다. 하지만 상대방을 발가벗겨 놓고 볼 수는 없기 때문에 일반적으로 걸음걸이, 앉은 모습, 제스추어 등을 보는 것이다.

여성이 이쪽저쪽 다리를 번갈아 끼는 것은
성적욕구 불만의 표출이다.

◐ 불안하게 다리를 꼬는 여자

다리를 꼬고 앉은 자세를 '육체언어'에서는 상대방을 저지하려는 몸짓이라고 한다. 때문에 사람은 기분이 불안정하고 초조할 때 곧잘 다리를 이쪽으로 꼈다 저쪽으로 꼈다를 반복하게 된다.

그런데 다리에 나타나는 여성의 심리는 남성과 차이가 있다. 여성에게 있어서 다리는 매우 성적인 언어를 갖고 있기 때문에 이쪽 저쪽 번갈아 끼는 것은 성적 욕구불만을 나타내는 경향이 강하다. 그런데도 그런 언어와 여성 심리에 둔감한 남성들은 초조감이나 권태감으로 해석하여 안절부절 못하니 실로 딱한 노릇이 아닐 수 없다.

◐ 다리를 벌리고 의자에 앉는 사람

공원의 벤치, 또는 버스나 지하철 안에서 마치 자신의 성기를 보란듯이 다리를 쩍 벌리고 앉아 있는 사람을 흔히 볼 수 있다. 이런 포즈를 취하는 남녀의 해석은 사뭇 다르므로 주의해야 한다.

남자의 경우는 성적으로 자신이 있고 지배적인 성격의 소유자인데, 그런 포즈의 저의에는 젠척하고 위엄을 챙기려는 심사가 숨어 있다.

어깨가 한쪽으로 처지는 사람은 불륜의
관계를 맺기 쉽다.

　여성의 경우는 의외로 성경험이 없는 여자가 이런 포즈를 취
하는 경우가 많다. 흔히들 말하기를 남자 경험이 많은 여성이
무릎을 벌리고 앉는다고 하지만 그건 틀린 말이다. 정신분석학
적으로 보면 성적으로 깊은 관심을 갖고 있는 여성일수록 그
의식을 남들에게 알리지 않으려고 강하게 다리를 어긋모으는
것이다.

◘ 앉은 자세가 바른 사람

늘 바르고 안정된 자세로 앉아 있는 사람은 훌륭한 성품의 사
람이다. 묵직하고도 단아하게, 그러면서도 유연한 자세의 사람
은 어디에서나 행동거지가 바르고 사고방식도 건전하기에 건강
과 운세도 좋다.

◘ 앉아 있을 때 한쪽 어깨가 밑으로 처지는 사람

　앉는 것과 동시에 한쪽 어깨가 처지는 사람이 있다. 이 포즈
를 보는 데는 남녀의 구별이 있는데, 여자는 오른쪽 어깨가 밑
으로 처지고 남자는 왼쪽 어깨가 처지는 것을 본다.

　이런 자세의 남녀는 정에 빠지기를 잘해서 가정이 있는 사람
(유부남·유부녀)과도 서슴 없이 연애를 한다. 주의할 점은 이
런 자세의 사람들이 대체로 매력이 철철 넘친다는 것이다.

침착하게 앉아 있지 못한 사람은 경솔하고
체신이 없다. 여성은 색골의 상이다.

◘ 침착하게 앉아 있지 못한 사람

앉으면 가만히 있지 못하고 꿈틀꿈틀 몸을 움직이거나 공연히 무릎을 떠는 사람이 있다. 한 마디로 안절부절 못하고 궁상을 떠는 모습인데 남녀 공통으로 가장 나쁜 자세이다.

이런 자세의 사람은 경솔하고 체신이 없다. 스스로의 복을 떨치고 있으므로 재물이 붙지 않는 것은 당연하다. 특히 여성이 이런 자세를 취하면 색골의 상이다.

◘ 의자나 탁자에 팔굽을 대고 몸을 의지하는 사람

앉아 있을 때 의자나 탁자에 팔굽을 대고 몸을 의지하는 사람이 많다. 어떻게 보면 매우 자연스러운 동작으로 보이기도 하고 여유 있어 보이기도 한다. 그러나 이런 자세의 사람은 말이 많고 거짓이 많다. 특히 이런 자세의 사람으로 다정다감하게 소근소근 속삭이는 남녀는 바람끼가 농후하기 때문에 절친한 친구의 애인에게도 거침없이 추파를 던지는 타입이다.

◘ 상체를 앞으로 굽히고 앉는 사람

앉아 있을 때 상체를 늘 굽히는 사람이 많다. 이런 사람은 생활의 안정이 없고, 늘 주변의 일에 신경을 쓰며 이랬다저랬다 하는 소심한 사람이다. 또한 마음이 조급하고 집중력이 없기

우산을 가랑이에 끼고 앉는 여성의 99%는
비처녀이다.

때문에 일처리도 꼼꼼하지 못하다. 때문에 성공과는 거리가 먼
유형의 사람임에 틀림없다.

자칫 잘못보면 이야기를 성의 있게 경청하는 것으로 생각하
기 쉬운데 이는 큰 착각이다. 이런 사람을 만나거든 실험적으
로 자신이 이야기한 내용의 핵심을 질문해 보면 곧 알 수 있다.

◪ 무엇엔가 기대려고 하는 사람

앉아 있을 때 벽이나 의자 등 물체에 몸을 지나치게 의지하
는 사람이 있다. 이런 유형은 남녀간의 차이가 있으므로 주의
해야 한다.

남자가 이런 경우에는 병으로 몸이 쇠약하거나 기력이 약한
상태이기 때문에 중대사를 의논해서는 큰 낭패를 보게 된다.
반면에, 이런 포즈를 하는 여성은 교제가 능통하고 명랑한 성
격의 소유자이므로 연애 상대로 만점이라 할 수 있다.

◪ 우산을 가랑이에 끼고 앉는 여자

언젠가 필자의 한 후배가 교제 중에 있던 아가씨
를 데리고 사무실로 찾아왔다. 농담반 진담반으
로 이것저것을 따져보니 궁합은 그런대로 맞았는
데, 인상을 보니 정조 관념에는 약간 문제가 있어 보였다.

그날따라 비가 내렸다. 필자는 그들에게 멋진 저녁을 대접하려고 사무실을 나와 지하철을 탔다.

그때 그녀는 빈자리에 앉더니 거침없이 우산을 양 가랑이 사이에 끼웠다. 그것을 본 순간, 필자는 그녀가 이미 남성 경험이 있음을 간파했다.

일반적으로 성경험이 풍부하거나 성적 욕구가 강한 여성은 자기의 성기를 깊숙히 감추듯이 양쪽 허벅지를 강하게 어긋모으는 것으로써 그것을 은폐하려 한다. 그러나 어떤 물체(우산이나 다른 물품)를 가랑이에 끼우고 약간 다리를 벌리는 것은, 허벅지를 강하게 어긋모으는 것 이상으로 성적 욕구를 표출하는 것이다.

식사 후, 술잔을 나누면서 필자는 은근히 후배에게만 그 관계를 추궁했다.

"어때, 그녀와 2층짓기를 했나?"

"선배님, 지금 무슨 말씀을 하십니까? 하늘을 두고 맹세하지만 결단코 그런 일은 없습니다."

후배는 정색을 하고 부정을 했고, 필자는 후배의 그 말을 믿었다. 그렇다면 그녀가 깨끗하지 못하다는 얘기였다.

그때 필자는 그 사실(그녀에게 성경험이 많다는 것)을 후배에게 이야기 하지 못했다. 서로 진실로 사랑한다고 믿었기 때

출세하는 사람은 걸음걸이가 당당하다.

문이었는데, 지금에 와서는 두고두고 후회하고 있다. 그들이 결혼후 그 문제로 불화를 빚다가 끝내 이혼했기 때문이다.

이상의 실례처럼 우산을 가랑이 사이에 끼고 앉는 여성의 99%는 비처녀이다.

걷는 모습으로 사람을 파악한다

◪ 바른 자세로 앞을 보고 당당하게 걷는 사람

바른 자세로 앞만 보고 씩씩하게 걷는 사람은 배포가 크고 사고가 올바르다. 몸의 상체는 중량감이 있고 발걸음은 경쾌하기 때문에 우선 시원시원하다는 느낌을 준다.

이런 걸음의 사람은 심신이 건강하기 때문에 노력에 상응한 성공을 하여 편안한 생활을 할 수 있다.

옛날부터 출세한 사람들의 걸음걸이가 바로 이런 모습이 었다. 사람은 변하고자 노력하면 얼마든지 변화할 수 있는데, 그 변하는 형태에 따라 덩달아 운도 변하는 것이다.

◪ 어딘가 피곤한 듯 발을 질질 끌고 걷는 사람

이런 타입의 사람은 운세가 쇠퇴하고 실망이 많은 사람이다.

걸으면서 사방을 두리번거리는 사람은
마음이 불안정하고 의심이 많다.

소심하고 자신의 능력에 대한 자신감이 없고 늘 타인의 도움을
바라고 있다. 또한 신경성 질환을 달고 다니는 사람이 많다.

�‍◈ 다리를 힘껏 뻗지 않고 무릎을 굽히고 걷는 사람

소심한 사람의 대표적인 걸음걸이가 바로 이런 타입이다. 걸
음의 특성은 다소 수그린 자세로 느릿느릿 걷는다. 대체로 뭘
생각하며 걷는 것처럼 보이지만, 실제로는 그렇게 보여짐으로
써 남들의 접근을 막으려는 심리의 표출이라 할 수 있다. 이런
사람은 남의 말에 동요되기가 쉽고 마음이 약하여 모든 일에
속기 쉽고 운세도 약하다.

◈ 발자국 소리를 내지 않고 밑을 보고 걷는 사람

수줍음 타는 새색시처럼 발자국 소리도 없이 아
래만 바라보고 조용히 걷는 사람이 많다. 흔히
무엇인가를 골똘히 생각할 때 걷는, 이른바 사색
형 걸음인데 썩 좋은 걸음이 아니다. 늘 이렇게 걷는 사람은 의
지력과 신념이 부족하고 활동력도 약하기 때문에 누구에겐가
의지하지 않으면 살기 어렵다.

◈ 걸으면서 사방을 두리번거리는 사람

어깨를 으시대며 걷는 사람은 겁이 많고
소심하다.

　항상 주위를 두리번거리면서 걷는 사람은 마음이 불안정하고
의심이 많으며 질투심도 강하다. 또한 성격이 거칠고 교양이
없으며 독선적인 성품의 사람이다. 앉아 있을 때 몸을 흔들거
나 무릎을 떠는 것과 같이 궁상을 떠는 타입인데, 악질적인 사
기꾼들 중에 이런 타입이 많다.

◪ 어깨를 으시대며 걷는 사람

　영화나 TV의 뒷골목 드라마를 보면 양 어깨를 으쓱하고 으
시대며 걷는 불량배들이 많이 나온다. 여봐란 듯이 건들거리며
걷는 걸음을 말하는데, 이런 사람일수록 겁이 많고 소심하다.
그래서 혼자서는 아무 것도 할 수 없으면서도 주위 상황이 자
기 편에 유리하게 작용하고 있으면 불같이 설치는 타입이다.
또 이때 자기를 인정받고 싶어하는 객기가 발동하여 칼부림을
하기 쉽다.

◪ 서둘러서 걷는 사람

무엇이 그렇게 바쁜지 항상 뛰듯이 서둘러 걷는
사람이 있다. 이런 타입의 사람은 경솔하고 침착
성이 없기 때문에. 실속이 없다. 무능한 사람일수
록 바쁜 척을 잘하는데 그것은 자신의 무능을 위장하려는 반동

아장아장 빨리 걷는 남성은 소심하고
배짱이 없다.

심리의 표출이다. 또한 앞으로 고꾸라지듯 빠르게 걷는 사람도
같은 유형인데, 전자에 비해 후자는 언제나 마음이 초조하고
성급하기 때문에 스트레스를 잘 받는다. 모두 초조함에서 연유
된 신경성 질환으로 명이 짧다.

◨ 아장아장 빨리 걷는 사람

아장아장 빨리 걷는 사람은 근심 걱정이 떠날 날 없는 성품
이다. 언뜻 보기에는 호탕해 보이더라도 그것은 허울일 뿐, 뿌
리는 소심하고 배짱이 없으며 곧잘 배신한다. 이런 사람은 아
무리 재능이 있어도 크게 쓰고자 하는 사람이 없기 때문에 세
상을 한탄하며 보내는 사람이 많다.

특히 이 타입의 사람들은 도박을 즐기는 경향이 강하다.

◨ 걸으면서 자꾸 뒤를 돌아보는 사람

보통 사람은 걸을 때 좀처럼 뒤를 돌아보지 않는다. 그런데
도 빈번하게 뒤를 돌아보며 걷는 사람은 무엇인가 강박관념에
시달리고 있는 사람이다. 이런 현상은 범죄자들에게서 많이 볼
수 있다. 그것은 나쁜 일을 꾸미고 있거나, 나쁜 일을 하고 누
군가에게 쫓기고 있다는 증거이다.

불심검문을 하는 형사들은 필히 이런 사람을 검문하게 되는

춥지도 않은데 바지 주머니에 양손을 찌르고
걷는 사람은 비밀스럽고 음흉하다.

데 놀랍게도 90% 이상이 범죄자라 한다.

◪ 춥지도 않은데 바지 주머니에 양손을 찌르고 걷는 사람

별로 춥지도 않은데 바지 주머니에다 양손을 찌르고 걷는 사람은 비판적이면서 비밀스럽고 음흉하다. 이런 타입의 사람은 대개 매사에 앞장을 서느니보다 뒤에서 궁리하기를 좋아하는 '흑막형'이 많다. 악질적인 사기꾼이 유독 많은 타입이다.

◪ 성큼성큼 남성처럼 걷는 여자

여성의 걸음은 유연하면서 바른 자세로 또박또박 걷는 것이 좋다. 그런데 남성처럼 성큼성큼 걷는 여성은 독립심이 강하고 자기의 주장도 매우 강하다. 그렇기 때문에 남편이 하는 일에 사사건건 말참견을 하는 한편 언쟁을 하면 조금도 지려고 하질 않는다. 이혼한 여성을 살펴보면 의외로 이런 타입이 많다.

키스하는 스타일로 사람을 안다

 흔히 현대를 프리 섹스(Free Sex)의 시대라고 한다. 우리네가 전통적으로 금기시해 온 성 모랄이 와르르 무너지고, 한낮에 남이 보는 앞에서

눈을 감고 키스하는 타입은 자칫하면
낭만의 포로가 되기 쉽다.

키스하는 것쯤은 예사이다.

섹스란 물리적으로는 점막과 점막의 접촉이다. 그런 의미에서 키스는 바로 섹스라 할 수 있다.

여성의 점막 부분에는 성감대가 집중되어 있다. 그리고 그곳이 남성의 점막에 의해 자극되면 키스도, 인서트도 생리적으로는 같다고 할 수 있다.

따라서, 많은 여성들은 남성에게 키스를 허락한다는 것은 곧 남성에게 몸을 허락하는 것과 같은 의미를 부여한다.

달콤하고 황홀한 접촉사인 키스. 독자께서도 첫키스의 짜릿한 순간을 기억하고 있겠지만, 그 색깔 있는 사랑의 의식에도 생김새가 있다는 것은 모르리라.

다음에 소개하는 것은 키스하는 스타일에 따른 연인의 성격을 산출한 것이다.

◆ 키스할 때 눈을 지그시 감는 타입

키스의 보편적인 스타일로 낭만주의자적인 성향의 사람이 즐긴다. 이런 유형의 사람은 파트너가 멋져서가 아니라 눈을 감고 있으면 사랑의 환상 속에 빠져들기 때문이다.

남성들보다 여성들 중에 눈을 감는 경우가 월등히 많다. 그것은 수줍어서 눈을 감는 경우도 있지만 키스의 촉감을 더욱

눈을 뜨고 키스하는 여성은 이중성이 있다.

느끼기 위해 신경을 모으고 있다는 것이 더 정확한 표현이다.

이런 타입의 사람은 자칫하면 낭만의 포로가 되기 쉽다. 이 말은 곧 환상은 깨지기 쉽다는 뜻이므로 사랑할 때는 현실감을 갖도록 노력해야 한다.

◘ 키스할 때 눈을 뜨는 타입

키스할 때 눈을 뜨는 사람은 현실적이고 적극적인 성격의 소유자다. 이런 타입의 사람은 좀처럼 사랑의 환상에 빠지지 않으므로 키스할 때도 긴장이 완전히 풀린다거나 열락을 맛보기 힘들다. 특히 이런 타입의 여성은 이중성이 있는 성격으로 요주의 인물이다.

◘ 키스할 때 상대방을 꼭 붙잡는 타입

키스할 때 상대방을 정열적으로 껴안거나 닥치는 대로 붙잡는 사람은 독점욕이 강한 성격의 소유자다. 이런 유형의 사람은 의욕적이지만 매사에 주도권을 잡으려들기 때문에 연인과의 갈등이 많다. 또한 지나친 독점욕은 의처증·의부증으로 발전될 소지가 많다.

갑자기 친해진 관계는 곧 후회를 하게 된다. —T.틀러—

키스할 때 지껄이는 사람은 자학이 많다.

◘ 키스할 때 부드럽게 애무하는 타입

키스할 때 애무하는 사람은 열정적인 성격의 소유자다. 남녀 모두 이성의 기분을 잘 알아주는 사람인데, 남자는 이성과 지성을 겸비하고 있는데 반해 여자는 바람기가 다분하다.

◘ 키스할 때 귀를 무는 타입

키스할 때 귀를 무는 타입은 소극적이고 소심한 성격의 소유자이다. 그렇기 때문에 좀처럼 본론으로 들어가지 못하고 주위를 맴도는데, 이때 지나치게 강박적인 이런 타입의 남자는 애인의 이어링을 꿀꺽 삼키기도 한다.

이런 남자를 연인으로 둔 여성은 데이트 약속이 있는 날엔 특별히 귀고리를 하지 않는 배려가 필요하다.

◘ 키스할 때 지껄이는 타입

키스할 때 지껄이는 타입의 사람은 정신과 육체가 항상 끈으로 이어져 있는 사람이다. 육체적 욕망과 그러한 행동에 대한 지적 자제력 사이에서 갈등을 느낀다. 즉 본능과 이성이 싸우는 형태의 인간형인데, 자존심이 강한 반면에 자신을 학대하는 경우가 많다.

밝은 성격은 어떤 재산보다 더 귀하다. -카네기 : 미국의 강철왕-

�‑ 키스하기 전에 양치질 하는 타입

이런 타입의 사람은 자의식이 강한 성격의 소유자다. 섹스가
추하다고 생각하는 타입에서 아주 많이 나타나는 유형인데, 결
벽증이 있다. 또 이와는 아주 반대의 경우로 변태성욕자도 간
혹 있는 유형이다.

운전 습관으로 사람을 파악한다

◑ 늘어선 차량의 행렬 뒤에 묵묵히 따르는 사람

러시아워 때의 시내 곳곳은 차량이 줄을 지어 늘
어서 있게 마련이다. 이때 약간의 틈이라도 있으
면 가차 없이 끼어들어 차선을 바꾸는 사람이 있
는가 하면 앞의 차가 움직일 때까지 묵묵히 기다리는 사람이
있다.

바로 후자의 사람이 이 경우인데, 그는 교과서적인 사람으로
착실하지만 융통성이 결여되어 있다. 때문에 지나치게 고지식
한 경우 아니면 교양이 높은 경우로 구별된다. 두 가지 유형의
구별은 시간이 많이 지체될 때 표정에 나타난다. 고지식한 사
람은 이때 얼굴을 찌푸리며 신경질적으로 몸을 움직이거나 담
배를 피운다. 그러나 교양이 높은 사람은 표정의 변화가 거의

추월 당하면 곧장 추월해 버리는 사람은
다혈질로 성미가 매우 급하다.

없다는 점에서 차이가 난다.

◘ 쉴새 없이 차선을 변경하는 사람

앞서 말한 차량의 행렬 뒤에 묵묵히 따르는 사람과는 정반대
되는 유형으로 자기과시욕이 강한 성격의 소유자이다. 이 타입
의 사람은 옆자리에 남을 태웠을 때는 한결 더 곡예하듯 차선
변경을 하는 것이 특성인데, 두뇌 회전이 매우 빠른 기분파다.
그러나 변덕이 심하고 개인플레이는 강하지만, 단체 행동에서
는 협동심이 결여되어 있기 때문에 부적합하다.

◘ 추월 당하면 곧장 추월해 버리는 사람

고속도로 뿐만 아니라 도심에서도 차량간에 추월 경쟁은 의
외로 많다. 뒤를 따르던 차가 자신의 차를 추월하면 지지는 않
겠다는 듯이 스피드 업하여 곧바로 추월해 버리는 사람이
있다. 이것이 감정적으로 뒤엉켜 무모한 추월 경쟁을 하게 되
는데, 이런 유형은 다혈질로 성미가 매우 급한 사람이다. 그렇
기 때문에 발끈한 성미를 참지 못하고 일을 저질렀다가 나중에
후회하는 경우가 많다.

◘ 톨게이트에서 허둥대는 사람

톨게이트에서 허둥대는 경우는 근시안적이고 준비성이 결여되어 있다. 이런 유형의 사람은 어떤 일이 눈 앞에 딱 닥쳤을 때에 비로소 처리를 서두르게 되므로 자연히 허둥대고 실수를 연발하게 되는 것이다.

인간 성격의 기본 법칙에 따르면 현재 진행되고 있는 사안에 준비성이 없는 사람은 융통성도 결여되어 있다고 규정하고 있다. 한 마디로 둔감하다 하겠다.

◘ 차간거리를 두지 못하고 바짝 붙는 사람

 모든 차는 같은 방향으로 가고 있는 앞차의 뒤를 따르는 때에는, 앞차가 갑자기 정지하게 되는 경우를 대비하여 그 앞차와의 충돌을 피할 만한 필요한 거리를 확보하도록 교통법규에 명시되어 있다.

그런데 습관적으로(도로 사정이 원만할 때도) 앞차의 꽁무니에 바짝 붙는 사람이 있다. 이런 유형의 사람은 무엇인가 강박관념에 시달리고 있는 사람으로 늘 무엇에 쫓기듯 초조하다. 직장에서 입사 동기가 자기에 앞서 승진될까봐 안절부절 못하는 등, 남이 잘되면 체질적으로 배아파하는 타입이다. 그렇기 때문에 마음이 좁고 여유가 없으며 인간적인 스케일에도 한계가 있다.

정체할 때마다 쉽사리 한숨을 내쉬는 사람은
신경질적이고 정력이 약하다.

사회생활에서 표면적으로는 아주 얌전해 보이는 사람 중에
이런 유형이 많은데 가정적으로 파고들면 문제가 많다. 밖에서
쌓인 스트레스를 집안 식구들에게 푸는 경우가 많다.

◆ 정체할 때마다 쉽사리 한숨을 내쉬는 사람

도시의 러시아워 때는 정체가 잦고 그 시간이 길 때가 많다.
이때는 정말이지 짜증이 난다. 도로가 뚫리기를 기다리는 그
시간이 그렇게 지루할 수가 없다. 그래서 교통부장관이 귀에
들리지 않는 욕을 먹고 숱한 원망을 들을 때도 바로 이때다.

이때 쉽사리 한숨을 쉬는 사람이 있다. 그저 약간의 정체에
도 '휴―우'하고 한숨을 쉬는 것이다.

이런 유형의 사람은 신경질적이고 체력이 약하기 때문에 작
은 스트레스도 견디질 못한다. 또한 화를 잘 내고, 불평 불만
이 많으며 정력도 약하다.

◆ 횡단보도의 한계선에서 급 브레이크를 밟는 사람

횡단보도를 건널 때 누구라도 한번 쯤은 이런 경험이 있으리
라. 차가 질주하듯이 달려와서 한계선에서 '키―익'하고 급 브
레이크 밟는 경우를.

이런 유형의 사람은 두 부류로 분류되는데 첫째는, 이기주의

적이고 매우 인색한 성격의 소유자다. 때문에 모든 것을 자기 위주로 생각한다. 자기만 편하면, 자기에게 이득이 되면 남이야 어떻게 되어도 상관이 없다는 경우다.

다른 한 부류는 자기현시욕이 강한 허풍선이라 할 수 있다. 용기가 없으면서도 용기가 있는 척, 지식이 없으면서도 있는 척, 소위 말로 '척'하는 사람의 전형이다. '척'하는 사람은 남의 눈에 띄고 싶어하는 심리 때문에 분수에 맞지 않을 정도의 허세를 부리는 것이 특성이다.

"과학이란 당신이 아는 것, 철학이란 당신이 모르는 것이다." 러셀의 말이다. 과학지상주의를 표방하는 현대인이 많지만, 과학으로 일물의 가치를 숫자로 축소시켜 표시할 수는 없을 것이다. 또한 과학으로 우정이나 정치인의 의식을 공식적인 틀에 짜 맞출 수도 없을 것이다. 이와 같이 인생을 과학으로만 해석하는 것은 어리석은 일이라 아니할 수 없다.

어리석은 선비

어떤 어리석은 선비가 하루는 용하다는 관상장이를 찾아 갔다. 관상장이는 방안으로 들어선 선비를 보자마자 넓죽 절하며 떨리는 목소리로 이렇게 말했다.

"황제지상(皇帝之相)이옵니다."

이 말을 들은 선비는 자신의 귀를 의심했다.

"뭐, 뭐라구요? 내가 황제가 될 상이라구요?"

"틀림없습니다."

"대체 나의 어느 부분에 황제의 상이 나타나 있는 게요. 좀 소상히 말해 주시오."

선비는 관상장이에게 바짝 다가 앉으며 대답을 재촉했다. 그러자 관상장이는 푹숙인 채 떨고 있던 고개를 들어 선비의 얼굴을 유심히 살폈다. 그런데 아뿔싸! 그의 상은 '황제의 상'

이 아니라 굶어 죽을 '아사지상(餓死之相)'이었다.

관상장이는 잠시 자기의 착각이 매우 부끄러웠다. 굶어 죽을 팔자의 사람에게 벌벌 떨면서 넓죽 절까지 했다는 사실에 부아가 치밀었다. 그래서 복채라도 두둑히 받아낼 속셈으로 아무렇게나 지껄였다.

"손님의 눈은 양의 눈, 코는 돈비(独鼻), 입은 양의 입, 귀는 부채귀입니다. 그러니까 쉽게 말하자면 손님의 얼굴에는 두 곳이나 양의 상이 있습니다. 한자의 양(羊)에서 뿔을 빼고 꼬리를 빼면 무슨 자가 남습니까?"

"그야 왕자(王字)가 남지요."

"바로 그것입니다. 얼굴에 왕자가 둘이나 있으니 그게 보통 관상입니까? 왕의 할아버지가 되고도 남음이 있지요."

"허허, 듣고 보니 그렇군요. 그런데 다른 부분은 다 알겠는데 '돈비'란 무슨 뜻입니까?"

"문자 그대로 돼지코입니다. 황제가 되니 먹을 것이 풍성하다는 뜻으로 해석할 수 있습죠 헤헤헤."

선비는 흡족하여 복채를 두둑히 주고 집으로 돌아왔다.

'허! 내가 황제가 될 상이렷다. 머지않아 황제가 된다는데 일을 해서 뭘하고 글공부를 해서 뭘해?'

선비는 그날부터 책 전부를 보자기에 싸서 엿과 바꿔 먹고,

아랫목에 벌렁 누워 황제될 날을 기다렸다. 그러니 얼마 가지 않아 많지도 않은 살림이 바닥이 났다. 게다가 흉년까지 겹쳤기 때문에 영락 없이 굶어 죽게 되었다.

몇날며칠을 굶어 눈앞이 가물가물하고 숨쉬기조차 힘이 들었다. 그러자 아들을 불러 놓고 마지막 말을 남겼다.

"태자(太子)야, 황후(皇后)께 여쭈어라. 짐(朕)이 붕(崩)하신다고……."

체형을 보면
성격을 알 수 있다

얼굴은 사람의 마음을 솔직히 반영한다
체형으로 보는 세 가지 기본형
손만 보아도 그 사람의 성격을 꿰뚫어 안다

체형(體型)을 보면 성격을 알 수 있다

얼굴은 사람의 마음을 솔직히 반영한다

소설가가 작품에서 인물을 표현할 때 그 인상 및 몸의 생김새와 그 미묘한 행위를 묘사하는 데 매우 애를 먹긴다. 그래서 인상학과 심리학에 조예가 깊은 경우가 많다.

필자와 절친한 추리작가 H씨는 관상과 분석심리에 전문가 뺨을 칠 정도이다. 그의 작품을 읽으면 저절로 사람의 인상과 심리를 꿰뚫는 혜안이 생긴다. 특히 얼굴 표정의 밝고 어두움이나 그 사람이 지니고 있는 얼굴 형태, 손가락 하나 움직이는 것까지를 세밀하게 분석해 나가면서 그 인물의 역할을 조정하고 구성한다.

얼굴은 사람의 마음을 솔직하게 반영해 주는 거울과 같다. 이 말은 진리이다. 동서양의 유명한 위인이나 석학들은 한결같이 이 진리를 역설했다.

링컨은, "인간은 40세가 되면 자신의 얼굴에 책임을 져야 한다."라는 유명한 말을 남겼다. 발자크는, "사람의 얼굴은 하나의 풍경이다. 한 권의 책이다. 용모(容貌)는 결코 거짓말을 하지 않는다."라고 했다. 또 우리의 속담에 "생긴대로 논다", "설삶은 말대가리", "전당 잡은 촛대", "뿔 뺀 쇠(소)상" 등등 수도 헤아릴 수 없을 만큼 인상에 관한 말이 많다.

인상을 볼 때 특히 주의해야할 점은 시각적인 미추(美醜)로 상대방의 성품을 단정하는 것은 매우 위험하다. 이 말은 아름답고 잘생긴 사람은 성정도 좋고, 추하고 못생긴 사람은 성정도 나쁘다고 생각하는 것은 절대 금물이라는 이야기다.

세상에는 인물이 번지르르 한 사람 중에도 악질이 많고 반면에 보기에는 변변찮은 인물인데도 훌륭한 사람이 많다.

이 말이 시사하는 바는 크다. 사람을 보는 눈이 어두운 사람은 표면적인 미추만을 보지만, 사람을 보는 혜안이 있는 사람은 부분부분이 나타내는 의미를 정확히 파악한다. 눈으로 보기에는 그럴 듯하게 보여도 그 뜻을 풀이해 보면 형편없는 경우가 많다. 흡사 '빛 좋은 개살구' 꼴이라 할 수 있다.

독자들께서도 자신의 주변을 둘러보면 이런 사실을 알 수 있을 것이다. 썩 잘생겼는데도 웬지 꺼려지는 사람이 있다. 반면

에 못생겼지만 마음이 끌리는 사람이 있다. 그런 느낌이 바로 사람의 성품과 관계가 있는 것이다. 따라서 미추를 떠나 인간적으로 사람을 끄는 상을 가진 사람이 좋은 관상을 가지고 있다고 해도 과히 틀린 말은 아니다.

이 장에서는 사람의 체형과 얼굴의 각 부위를 보고 상대를 꿰뚫는 법을 기술한다.

체형으로 보는 세 가지 기본형

인간의 신체적 특성을 분석하면 크게 골격, 신경, 근육, 혈액으로 나눌 수 있다. 혈액을 제외한 나머지 세 가지는 인체를 이루고 있는 중요한 요소로써 그 중 어느 것이라도 많거나 적거나 하면 불균형적인 체격을 갖게 된다.

사람마다 얼굴이 다른 것처럼 체형도 제각기 다르게 되어 있는데, 이를 크게 세 가지로 분류할 수 있다. 이것을 알기 쉽게 설명하면 다음과 같다.

① 근골형(筋骨型) ; 비교적 뼈가 많고 억세게 보이는 사람.
② 영양형(營養型) ; 비교적 살이 쪄서 통통하게 보이는 사람.
③ 신경형(神經型) ; 근골형과 영양형에 포함되지 않는 마르

근골형의 기본 성격은 적극적이며 행동적이다.

고 수척해 보이는 사람.

인간의 체형을 이상과 같이 세 가지로 분류한 사람은 독일의·
정신의학자 크레트머이다. 그는 제1차세계대전 때 군의관으로
근무하며 무려 10만 명의 체형과 성격분석통계를 작성하여 학
계에 발표했다. 이 논문에 의하면 인간의 체격에 따라 드러나
는 공통된 성격이 있음을 알 수 있다.

◆ 근골형의 특성

앞서 간단히 설명했듯이 근골형은 균형잡힌 남성적 체격을
가지고 있다. 근육과 뼈가 발달했기 때문에 억세게 보이는데,
박정희·김구·정주영·링컨의 얼굴을 연상해 보면 쉽게 파악
할 수 있다.

근골형의 기본 성격은 적극적이며 행동적이다. 때문에 주위
사람들의 속마음 따위는 깊이 헤아리지 않는 실행가이며 일을
좋아하는 근면성이 있다. 또 유별나게 명예심과 자존심, 경쟁
심, 신념과 의지가 강하다는 특성이 있다. 그러나 융통성이나
타협성, 양보심이 적기 때문에 곧잘 타인의 비난과 배척을 받
기 쉽다.

◆ 영양형의 특성

영양형의 기본 성격은 사교적이며 낙천적이다.

이 유형의 사람들은 신체의 많은 부분이 토실토실하게 살이 쪄 있다. 살결이 매우 부드럽게 보이는 사람으로 비교적 허리가 굵은 사람을 말하는데, 김대중·이종찬·김우중·강부자·노사연의 얼굴을 연상해 보면 쉽게 파악할 수 있다.

영양형의 기본 성격은 낙천적이다. 사교적이며 온순하고 친절하며 유머를 안다. 때문에 대인관계에 폭이 넓다. 또 형식보다 내용을 중요시하며 생활을 위해 항상 노력하는 타입이다. 그러나 기분에 따라, 정에 따라 움직이기 쉬운 성격 탓에 실패도 많고 손해보는 경우도 많다.

◪ 신경형의 특성

일반적으로 이 유형에는 신경이 예리하고 지혜가 풍부한 사람이 많다. 신체적 특징은 몸체에 비해 머리가 약간 큰 편이며, 신체의 모든 부분이 가늘고 약해 보이는 사람을 말하는데, 조용필·황신혜·서태지·김혜자·강수지의 얼굴을 연상해 보면 쉽게 파악할 수 있다.

신경형의 기본 성격은 꼼꼼하고 예민하다. 때문에 무슨 일이든 번잡한 것을 싫어하고 자기 중심적인 일을 즐긴다. 또 틀에 박힌 형식이나 규칙, 예의범절을 중요시하며 매사에 용의주도하고 면밀하다. 그러나 자존심이 강하고 뱀과 같은 냉정함이

영양형 신경형 근골형

있으므로 대인관계의 폭이 좁다. 조그마한 일에도 상처를 입고 좌절하기 쉽다.

손만 보아도 그 사람의 성격을 꿰뚫어 안다

코난 도일의 탐정소설을 읽으면 정말 극적인 서스펜스를 맛보게 된다. 소설 속의 주인공인 명탐정 셜록 홈즈는 초대면의 사람을 놀랄 정도로 꿰뚫고 있다.

작가인 코난 도일의 사람 보는 눈이 뛰어나다는 증거이다. 아마도 그는 서양의 심리학·인체 생리학(人體生理學)을 비롯하여 동양의 인상학 등을 폭넓게 연구했을 것이다.

작품 속에서 홈즈는 친구에게 이런 말을 했었다.

"자네처럼 망연히 사람을 보고 있으면 아무 것도 알 수 없지. 그러나 유심히 관찰하면 여러 가지 사항을 알 수 있는게야. 즉 사람은 얼굴뿐만 아니라 손을 보고도 기본 성격을 판단할 수 있지."

홈즈의 이 대사로 알 수 있듯이 그의 소설 곳곳에는 손과 그 동작을 보고 심리 묘사를 한 부분이 꽹장히 많다. 그 묘사의 이면에는 자로 잰듯한 치밀한 논리가 뒷받침되고 있기에 더욱 설득력이 있다.

인체 생리학에서는 인간의 왼쪽 대뇌반구(大腦半球)는 논리적 사고를 담당하고, 오른쪽 대뇌반구는 시각적인 감성을 담당한다고 규명하고 있다. 그래서인지 몰라도 천재적인 예술가에게는 왼손잡이가 많다고 하는데, 미켈란젤로와 레오나르도 다빈치, 피카소, 찰리 채플린 등이 대표적인 왼손잡이라는 사실을 우리는 알고 있다.

얘기가 약간 옆으로 흘렀지만, 상대방의 체형을 보고 성격을 파악하는데 있어 가장 좋은 방법은 손을 보는 것이다. 그것은 많은 사람들이 양손을 노출시키고 있기 때문이다.

이 책을 처음 읽는 독자께서는 처음부터 상대의 체형을 딱부러지게 규정하기에는 다소 혼란이 있을 것이다. 상대가 근골형인 것 같으면서도 어떤 면은 신경형과 흡사한 경우가 있고, 신경형인 것 같으면서도 영양형을 닮은 경우가 있다. 또한 체형은 영양형인데 근골형의 기질을 보이는 경우도 있다.

이와 같은 혼란은 당연한 것이다. 실제로 사람은 극도의 근골형, 영양형, 신경형을 이루고 있는 경우는 드물다. 대다수의 사람은 크고 작으나마 3개 형을 골고루 가지고 있는 '잡종'이기 때문이다.

그러나 손을 유심히 관찰하면 그 사람이 어느 타입에 속하는

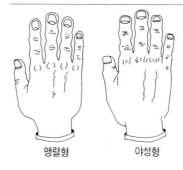

맹렬형 · 매우 적극적이고 행동적이다.
야성형 · 실행력이 있는 노력가.

맹렬형　　　　　　　야성형

가를 알 수 있는 것이다.

◘ 근골형의 손

근골형의 손은 손 마디마디가 굵고, 손가락 길이가 거의 비슷하며 뭉툭하다. 또한 손바닥의 폭이 넓고 두껍다는 것이 특징이다. 그러나 주의할 것은 근골형의 손가락이 짧다고 하는 것은 속설(俗說)이지 정설은 아니라는 사실이다. 근골형 중에도 손가락이 긴 사람도 있으며 짧은 사람도 있다.

같은 근골형의 손이라도 그림처럼 두 가지로 구별된다. 편의에 따라 이름을 붙이면, 하나는 '맹렬형'이고 나머지 다른 하나는 '야성형'이다.

여기에서의 맹렬형은 손가락이 대체적으로 긴 손을 말한다. 이 손을 가진 사람은 매우 적극적이며 행동적이다. 때문에 생각하는 것보다는 먼저 행동하는 타입의 성격이다. 적극적이고 행동적인 성격으로 인해 인생의 성패가 많다. 또한 회한(悔恨)이 별로 없는 것이 이 손을 가진 사람의 현저한 특징이다. 이 말은 자신을 반성한다든가 동기를 검토하는 일이 없이 즉석에서 결단을 내리며, 또 결과에 대해 크게 신경을 쓰지 않는다는 말이다. 어떤 목적을 달성하기 위해서는 사람이건, 사물이건 어디까지나 이용한다. 그런 의미에서 인정사정 없는 사람이라

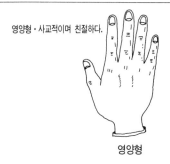

영양형 · 사교적이며 친절하다.

영양형

고 말할 수 있다.

　대체적으로 운동을 즐기며 투쟁심이 왕성하다.

　야성형은 맹렬형에 비해 손가락이 짧기 때문에 전체적으로 네모진 느낌을 준다. 이런 사람은 실행력이 따르는 노력가로 태도가 대담하고 또한 솔직하다. 그러나 사소한 잘못도 용서하지 못하고 창의력이 부족하기 때문에 주위와 화합하지 못한다. 목표지향형의 성격으로 금전운은 좋다.

◘ 영양형의 손

　영양형의 손은 얼굴처럼 포동포동한 느낌을 준다. 손가락도 죽지가 굵고, 손 끝으로 감에 따라 점점 가늘어지는 형태를 취하고 있는데 대체적으로 탐스럽고 아름답다.

　이런 형태의 손을 가진 사람의 가장 뚜렷한 특징이 조화성, 협조성임으로 사교적이며 온순하고 친절하다. 자신이 그런 성격이기 때문에 다른 사람들도 자신에게 그런 대우를 해주기를 심정적으로 바라고 있다. '내가 너를 사랑하니까 너도 나를 사랑해야 한다'라는 단순한 사고를 하고 있으며, 또 그것을 직접 말이나 행동으로 표현해 주기를 바란다.

　만약 당신의 연인이나 친구가 이런 유형의 손을 가진 사람이라면 항상 적극적인 관심을 말로 표현해 주어야 한다. 이러한

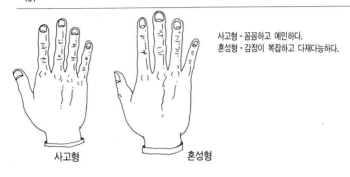

사고형 · 꼼꼼하고 예민하다.
혼성형 · 감정이 복잡하고 다재다능하다.

사고형   혼성형

특질을 무시한다면 틀림없이 센스 없는 사람으로 낙인 찍히고
말 것이다.

�**◇** 신경형의 손

　신경형의 손은 손가락의 관절이 작고 그다지 돌출하지 않았
기 때문에 한결같이 가늘고 긴 손으로 손바닥의 폭이 좁고
엷다는 것이 특징이다.
　같은 신경형의 손이라도 그림처럼 크게 두 가지 유형으로 분
류할 수 있다. 이는 '사고형'과 '혼성형'이다.
　사고형은 관절이 작으면서도 살이 적기 때문에 약간 딱딱한
느낌을 준다. 어찌보면 근골의 맹렬형과 착각하기 쉽다. 그러
나 근골의 맹렬형은 손 마디마디가 뭉툭하고 신경의 사고형은
섬세하고 빈약하다.

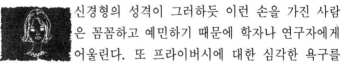

신경형의 성격이 그러하듯 이런 손을 가진 사람
은 꼼꼼하고 예민하기 때문에 학자나 연구자에게
어울린다. 또 프라이버시에 대한 심각한 욕구를
가지고 있다. 일상 생활의 시간 중에서 상당히 많은 시간을 혼
자 있기를 좋아한다. 마치 밧데리가 정기적인 충전을 필요로
하듯이, 이 사람도 홀로 있는 시간이 절대 필요하다. 그것이
바로 에너지의 보급원이기 때문이다.

신경형은 환경에 지나칠 정도로 민감하다. 그러나 그것은 표면에 내색하는 것을 억제한다. 어떠한 고난과 슬픔을 만나더라도 입술을 꽉 다물고 묵묵히 정신적·육체적 고통을 이겨낸다.

자신이 감정을 억제하지 못하고 표면에 드러내는 짓은, 마치 타인 앞에서 알몸을 보이는 것만큼이나 수치스러운 일이라는 강렬한 의식을 갖고 있기 때문이다.

이런 사람은 비록 표면에 드러내지는 않지만 비관이나 낙관 등 한쪽으로만 치달리는 경향 때문에 정신적인 갈등을 많이 겪는다. 여자는 신경질적이며 사람을 가리는 결벽성이 있다.

신경형에서 혼성형은 말 그대로 근골·영향·신경형의 요소를 골고루 가지고 있다. 언뜻보면 한결같이 가늘고 길게 보이지만 유심히 보면, 둘째 손가락과 새끼손가락이 영양형을 닮았고, 가운데 손가락은 근골형, 약지라고 부르는 넷째 손가락이 신경형의 혼합이다.

필자의 손이 대표적인 혼합형의 손이다. 혼합형은 손이 예쁘다는 말을 많이 듣는데, 필자도 마찬가지이다. 이런 손의 사람은 한 마디로 말해서 다재다능하다.

그러나 이런 손을 가진 사람은 타고난 재능을 살려 크게 성공하는 사람도 있지만, 대체적으로 단순한 재주꾼으로 머무는 경우가 더 많다.

명점장이 홍계관

조선조 초기에 홍계관(洪繼寬)이라는 유명한 점장이가 있었다. 그는 무슨 점이건 백발백중이 아닌 게 없었지만, 그 중에서도 신수점을 보는 데는 더욱 현묘신통하여 세인의 감탄과 갈채를 모으곤 했다.

일생 동안의 길흉화복을 마치 거울을 보듯 알아내는 것은 물론이요, 액운을 떼는 방법까지 알려주었기 때문에 많은 사람들이 잡새처럼 그를 찾았다.

어느 하루는 건장하고 늠름한 청년이 그를 찾아왔다.

"선생의 소문을 듣고 먼길을 왔습니다. 평생의 신수를 보아 주십시오."

청년의 얼굴을 한참 동안이나 유심히 살피던 홍계관은 갑자기 낯을 잔뜩 찌푸렸다.

"아니, 왜 그러십니까? 저에게 무슨 흉사(凶事)라도 있겠습니까?"

홍계관의 어두운 표정을 보고 더럭 겁이 난 청년이 다그치듯 물었다. 그러자 그가 조심스럽게 입을 열었다.

"이것 참, 운명이 기구하다고 할 수밖에 없는 일이군……."

홍계관이 여기까지 말하고 나서 입을 다물자 청년은 더욱 조바심이 났다.

"답답하옵니다. 어서 상세히 말씀해 주십시오."

"자네의 신수는 장차 큰 벼슬을 하고 부귀를 누리며 장수할 팔자이네만……."

"그렇다면 좋은 신수가 아닙니까?"

"그런데 아깝게도 그 전에 남을 죽이고 평생토록 옥살이를 할 그런 살액(殺厄)이 끼어 있어. 그것 참, 쯧쯧……."

홍계관은 정녕 안타까운 듯 연신 혀를 찼다. 그런 모습을 지켜보던 청년은 더욱 기가 질려 안색이 흙빛이 되었다.

"그렇다면 선생님, 그 살액을 피할 무슨 좋은 도리가 없겠습니까?"

"사람의 타고난 천성을 인력으로는 어쩔 수가 없어. 모두가 용맹스런 자네의 성격에서 비롯되는 일이기 때문에 나로서는 방법이 없네. 그러니 돌아가게."

"아니, 그게 무슨 말씀이십니까?"

청년은 울부짖듯 소리치며 홍계관의 소맷자락을 잡아끌었다.

"선생님이 고명하시다는 소문을 듣고 일부러 먼길을 찾아온 사람입니다. 다른 사람에게는 액을 피할 방법까지 자세히 일러 주신다는 사실도 알고 있습니다. 저에게도 살인을 면할 방법을 가르쳐 주십시오."

"글쎄, 나의 힘으로도 어쩔 수가 없다니까."

홍계관은 청년의 손아귀에 붙잡혀 있던 소맷자락을 잡아채며 냉정하게 말을 끊었다. 그렇지만 청년도 자기의 목숨과 관계되는 일인지라 거의 필사적으로 매달렸다.

"선생님, 이 은혜는 죽도록 잊지 않겠습니다. 부디 저에게 그 방법을 일러 주십시오."

청년이 거듭 머리를 조아리며 애원했지만 홍계관은 끝내 그 방법을 말하지 않았다.

불안에 휩싸인 청년은 어찌할 바를 몰라하며 하염 없이 무슨 말이 나오기만을 학수고대했다. 청년은 천하의 명점 홍계관이 살액을 면할 방법을 모른다는 것은 있을 수 없는 일이라고 생각했다. 필시 좋은 방법이 있는데도 함구하고 있다고 생각하니 더욱 미칠지경이었다.

"정녕 살액을 면할 방법이 없단 말씀이오?"

청년의 음성이 마침내 분노에 떨고 있었지만, 홍계관은 냉정하기가 마치 얼음장과도 같았다.

"그렇소. 어서 돌아가시오."

"그렇다면 저의 집 재산의 반을 내놓겠소."

"전재산을 준다해도 방법은 없소."

홍계관이 칼로 자르듯 말을 끊었다. 그러자 청년은 얼굴에 노기를 가득 띠고 자리에서 벌떡 일어나 한 손으로 허리춤에 품고 있던 비수를 잽싸게 뽑아들었다. 나머지 한 손으로는 홍계관의 멱살을 움켜쥐고 벽력처럼 소리쳤다.

"이놈아! 네놈이 천하 명복인 것을 알고 이렇게 찾아와 간절히 부탁한 것이다. 그런데, 그런데 왜 그 방법을 나에게 일러 주지 않는단 말이냐? 나하고 무슨 원수진 일이라도 있단 말이냐?"

청년의 손에 들린 비수가 금방이라도 홍계관의 목에 꽂힐 것만 같았다. 그러나 홍계관은 눈썹도 까딱하지 않았다.

"내가 우려했던 바와 같이 젊은이가 이렇게 성미가 급하니 정녕 큰일이군."

"말을 똑바로 하시오! 내 성미가 급해서가 아니라 당신이 고의로 가르쳐 주지 않기 때문에 이러는 것이오. 어서, 어서 말하시오! 말하지 않으면 찌르고 말겠소."

인(忍)으로써
갑옷을 삼는다.
─용수 : 인도의 불교학자─

엄포가 아니었다. 청년은 조금도 물러날 기색이 엿보이지 않았다. 조금 더 지체하면 정말 목을 찌를 것이 분명했다. 그것은 청년의 이글이글 타는 눈빛이 증명하고 있었다. 홍계관은 비로소 손으로 청년의 팔을 밀쳐내며 이런 말을 했다.

"음, 할 수 없군. 내가 방법을 말해 줌세. 우선 칼을 치우고 멱살을 잡은 손을 놓게."

그제서야 청년은 팔을 거두고 한걸음 뒤로 물러났다.

"방법이 있기는 있네. 그러나 자네가 실행할는지가 못내 의문일세."

"일러만 주신다면 기필코 실행하겠습니다."

허허, 자네가 내 말을 들어보지도 않고 실행하겠단 말이지."

"제 목숨이 달려 있는 일입니다."

"방금 보아도 자네의 성미가 얼마나 격한지 알 수 있잖나."

"······."

그 말에 청년은 고개를 푹 떨구었다. 그것을 본 홍계관이 나직한 목소리로 다시 말을 이었다.

"면액을 할 방법이란 다름이 아니라 오로지 참고 참는 일이네. 지극히 평범한 일이지만, 이보다 실행하기 어려운 것도 또 없지. 암, 없고 말고. 참을 인(忍), 이것 하나만 명심하면 살인을 면할 수 있네."

"선생님 참으로 이 은혜를 잊지 않겠습니다. 한때의 객기를 용서해 주십시오."

청년은 꿇고 엎드려 백배사죄했다. 홍계관은 그런 청년의 등을 부드럽게 어루만지면서 다시 그 말을 강조했다.

"참고 또 참고 다시 참게."

그 말을 듣고 집에 돌아온 청년은 참을 인자를 정성껏 써서 천정, 기둥, 벽 등 집안의 곳곳에 붙였다. 집안의 어디를 가도 참을 인자를 볼 수 있었다.

참을 인자를 머리와 가슴에 조각하듯 아로새기며 지낸 탓으로 청년은 호방한 성품이 온유해졌으며 만사에 신중한 사람이 되었다. 그러나 그는 그래도 마음을 놓지 않고 계속 참을 인자를 외우고 또 외웠다.

많은 세월이 흘렀다. 그도 꽃처럼 고운 규수를 찾아 장가를 갔다.

꿀처럼 달콤한 신혼의 어느 하루, 그는 잔칫집에 들렀다가 친구들과 어울려 권커니 잣커니 하다보니 만취했다. 비틀걸음으로 집에 왔을 때는 자정이 훨씬 넘은 시간이었다.

안방으로 들어선 순간, 그의 눈에선 불똥이 튀었다. 순식간에 술이 확 깨고 말았다. 부인은 세상 모른 채 잠들어 있고, 그 옆에는 상투를 튼 남자가 대담하게 나란히 누워 있는 것이었다.

한밤중에 한 이불을 덮고 나란히 자는 것으로 보아 간부(姦夫)임에 틀림없었다.

그는 격분하여 치를 부르르 떨었다. '세상에 이럴 수가! 아직 신혼인데, 그것도 남편이 멀리 가지도 않았는데 대담하게도 간부를 불러들이다니⋯⋯. 천하에 몹쓸 년이로다! 찢어 죽여도 시원치 않을 계집이로다!'

분김에 연놈을 함께 찔러 죽이리라 결심한 그는 안방을 나와 부엌에 뛰어들었다. 부엌칼을 찾아 움켜쥐고 부엌문을 나서는데 바로 눈앞의 기둥에 붙여 있는 참을 인자가 눈에 띄었다.

그 글자를 보고 깜짝 놀라서 한 발자국 주춤 물러선 그는 고개를 떨구고 잠시 망설이다가,

"흥, 참는 것도 한도가 있는 법이다. 계집과 간부가 함께 누워 있는 것을 보고서도 참을 수가 있나."

하고 신음하듯 내뱉고 끓어오르는 분심을 못이겨 부들부들 떨면서 안방을 향해 걸음을 옮겼다.

시퍼런 칼날이 다가오는 것도 모르고 두 남녀는 정답게 끌어안고 곤히 자고 있었다.

그는 칼을 높이 치켜 올렸다. 다음 순간이면 끔찍한 참극이 벌어질 찰나였다. 그 숨막히는 순간 곳곳에 갖다 붙인 참을 인

자가 제각기 너풀거리며 '참아라, 참아라'하고 소리지르며 달려드는 것 같은 환청과 환각에 사로잡혔다. 무엇인가 거대한 힘이 그의 칼을 든 손을 잡고 있는 것처럼, 다음 행동을 하지 못하고 쳐들었던 칼을 힘없이 내려뜨렸다.

"으흐흐흑……."

그는 상처 입은 짐승처럼 신음을 토해내며 구슬픈 울음을 터트렸다.

이 소리에 잠을 깨었는지 곤히 자던 부인이 눈을 떴다. 남편의 얼굴을 본 그녀는 곧 곁에 누운 남자를 흔들어 깨웠다.

"얘, 얘야 어서 일어나 ! 네 형부가 돌아오셨다."

그 바람에 벌떡 일어나 눈을 비비는 것을 보니 과연 사내가 아니라 아내의 여동생이었다.

"형부, 이제 돌아오셨어요."

처제는 잠이 덜깬 소리로 인사를 했다. 다음 순간 그의 손에 들려 있는 시퍼런 칼을 발견하고 안색이 파랗게 질렸다.

그는 황급히 칼을 내던지며 소리쳤다.

"처제, 아무 것도 아니니 겁먹지 마시오 ! "

그의 등골에 식은땀이 죽 흘렀다. 하마터면 무고한 두 사람을 죽일 뻔했던 것이다.

사연인즉슨 이러했다. 그날, 언니네 집에 다니러 온 처제는 하도 날씨가 더워 목욕을 하고 머리를 감아 빗은 후, 머리가 마를 동안 머리칼을 치켜올려 마치 남성의 상투처럼 하고 언니와 함께 잠이 들었던 것이다.

후에 홍계관에게 가서 이 말을 하니 홍계관은 껄껄 웃으며 이렇게 말했다.

"참을 인자가 눈에 띄지 않았더라면 꼼짝 없이 살인을 하고 말았을 걸세. 어떤가? 그날 내가 순순히 살인을 면할 방법을 가르쳐 주었다면 자네가 받은 인상이 그렇게 심각하고 뚜렷하지 못했을 것일세. 그렇지 않은가?"

"그렇습니다. 이 은혜 정말 백골난망이옵니다."

그는 거듭거듭 감사를 드렸다.

그뒤, 그는 홍계관의 예언대로 과거에 급제하고 순조로운 출세 코스를 밟아 영의정에까지 올랐다.

얼굴의 점으로
운세를 알 수 있다

얼굴의 점으로 운세를 알 수 있다

제5장

얼굴의 점으로 본 운세

 공원이나 역전, 버스 터미널과 같은 장소에는
으레 사주·관상을 보는 거리의 역술가들이 몇
몇 노상에 앉아 오고가는 사람들을 부른다.

예전, 전라남도 광주의 고속버스 터미널 주변에는 얼굴의
점을 빼주는 사람들이 십여 명씩 줄지어 앉아 있었다.

어느 해 가을, 필자도 그들의 부름을 받았다.

"여봐요, 이리 좀 와봐요."

"왜요?"

"당신의 얼굴에 흉점(凶點)이 있소. 운세를 막는 나쁜 점이
니 빼야 하오."

필자를 부른 사람은 50대 초반으로 보이는 말상[馬相]의 여
자였다. 그런 상의 여자는 박복하기 그지 없다.

평탄한 길이라도 발이 걸려 넘어질 때가 있다.
인간의 운명도 그런 것이다.
신 이외에 아무도 진실을 아는 사람은 없는 것이니.
—체호프—

차 시간이 많이 남아 있었으므로 필자는 잡담이나 나눠 볼 심사로 그녀 앞에 쪼그리고 앉았다. 그러자 그녀는 다짜고짜 필자의 얼굴에 점 빼는 바늘을 들이댔다. 필자는 깜짝 놀라 한발짝 뒤로 물러서며 그녀를 쏘아보며 소리쳤다.

"왜 이러시오!"

"나쁜 점을 빼려고 그러니 잠깐 참으시오."

그녀는 필자의 손을 잡아 끌며 그렇게 말했다. 그때 필자는 그녀의 얼굴을 유심히 살폈는데, 놀랍게도 수많은 사점(死點)이 있었다. 그것을 본 필자는 하도 어이가 없어 절로 웃음이 터졌다. 마치 눈부시게 반짝거리는 대머리가 약간 머리가 벗겨진 사람한테 머리가 나는 약을 팔려고 하는 꼴이었다.

"대체, 어느 부위의 점이 흉점이란 말이오."

필자가 그렇게 묻자 그녀는 노랗게 색이 바랜 책을 들췄다. 그런 후, 손잡이가 달린 둥근 손거울을 주며 윗입술 위의 점을 가리켰다.

"이게 바로 흉점이오. 주색잡기에 패가망신할 점이기 때문에 운세가 풀리지 않소. 또 그 점을 그대로 두면 입에 풀칠하고 살기도 힘들겠소."

"오라, 그래요?"

필자는 감탄하듯 고개를 끄떡였다. 그러면서 같은 위치에 있는 그녀의 점을 손가락으로 짚었다.

"유심히 보니 아주머니도 여기에 점이 있군요. 그래서 주색으로 패가망신 했나 보군요, 쯧쯧."

필자가 안됐다는 듯이 혀를 차며 그녀의 안색을 살폈다. 역습을 당한 그녀는 멍한 표정으로 입술을 샐룩였다.

"원래 선무당이 사람을 잡는 법입니다. 특히 역학이나 관상학이 해석에는 아주 사소한 차이에서 정반대의 해석이 나올 수도 있습니다. 점을 빼더라도 확실히 알고 빼십시오."

필자는 그녀에게 따끔하게 충고를 한 후에 자리를 떴다. 이상의 실례에서 본 것처럼 세상에는 전문가임을 자처하는 엉터리가 많다.

 점은 살아 있는 것과 죽어 있는 것이 있으며, 길(吉)한 것과 흉(凶)한 것이 있다. 말 그대로 살아 있는 점은 생점(生點)이고, 죽어 있는 점은 사점(死點)이다. 대체로 이러한 생점은 행운을, 그리고 사점은 불운을 나타낸다.

생점은 피부 위로 살짝 드러나 윤기와 광택이 있다. 반면에 사점은 흡사 얼룩처럼 피부에 파묻혀 윤기와 광택도 없다.

그러나 점은 똑같은 부분에 있어도 그것이 남성에게는 좋지

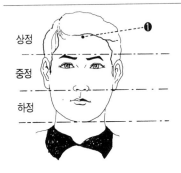

상정

중정

하정

만 여성에게는 나쁜 경우도 있다. 또한 사점이라 할지라도 일
생을 통해 불길한 것이 아니라, 한때는 불행을 가져오지만 후
에는 그 액을 면할 수도 있다.

여기에서는 얼굴을 그림과 같이 3등분, 즉 상정(上停), 중
정(中停), 하정(下停)으로 나눠 그 부위에 따라 점이 내포하고
있는 운세를 말한다. 보다 쉽게 알 수 있도록 생점을 나타내
는 것은(○), 사점을 나타내는 것은 (×)로 하였다.

◘ 상정에 나타난 점의 의미

사람의 얼굴에서 양쪽 눈썹 바로 위의 부분을 상정이라 하
는데, 이 부분은 '지혜의 부분'이다. 곧 두뇌를 회전시켜 창
작을 하거나 계획을 세우는 곳이다.

❶ ○=남녀 모두 운세가 성하다. 대체로 어릴적부터 고난이
　　많기 때문에 강한 의지력을 갖게 된다. 때문에 사소한
　　일로는 쉽게 좌절하지 않고 자신의 운명을 개척하여
　　끝내는 성공을 이룩한다. 여성도 사회적으로 진출하는
　　경우가 많은데, 이 경우는 남성의 운세를 보필하기 때
　　문에 길하면 가정도 화목하다.

　×=선천적으로 운세가 박약하다. 두뇌는 약간 발달해 있
　　지만 소심하고 매사에 의심이 많아 공상가적인 성향이

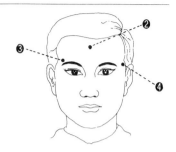

　　강하다. 여성은 고지식하고 따분한 남성을 만나 한숨
　　이 끊이지 않는다. 그러므로 이 부위의 죽은 점은 제
　　거하는 것이 좋다.

❷ ○=남성의 경우 이 부분에 뚜렷한 생점이 있으면 아주 훌
　　륭한 운세로 입신출세한다. 주의할 점은 개성이 너무
　　강하기 때문에 주변과 갈등이 많으므로 그것을 경계해
　　야 한다. 여성의 경우는 그 강한 개성으로 인해 직업
　　을 가지면 재물을 모으지만 초혼으로 그치지 못한다.
　　×=남녀 모두에게 좋지 못하다. 남성은 눈 앞의 원조자도
　　보지 못할 정도로 상황판단에 어둡기 때문에 실패가
　　꼬리를 물며, 여성은 부모와 남편, 그리고 주위의 사
　　람들과 불화하기 쉽다. 제거하는 것이 좋다.

❸ ○=오른쪽 눈썹 위에 이 점이 있는 사람은 천성적으로 사
　　교에 능하다. 세상에는 별로 뛰어난 재능이나 특기도
　　없음에도 불구하고 성공한 사람이 있는데, 바로 이런
　　사람이 그런 예다.
　　×=남녀 모두에게 좋지 못하다. 사교에는 능하지만 배신
　　을 당하는 경우가 많으므로 제거하는 것이 좋다.

❹ ○=왼쪽 눈썹 위에서 약간 귓머리 쪽으로 치우친 곳에 있
　　는 점은 재화의 운을 나타낸다. 남녀 모두 이 부위에

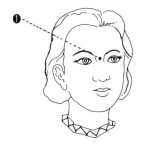

생점이 있으면 재화의 운이 좋아 중년까지 큰 재산을 모은다.

×＝젊어서부터 재산을 밖으로 나가게 하는 흉점이다. 아무리 노력을 해도 "밑 빠진 독에 물붓기"이므로 제거하는 것이 좋다.

◘ 중정에 나타난 점의 의미

사람의 얼굴에서 광대뼈를 포함한 눈썹에서 코 끝까지의 중간 부분을 중정이라 하는데, 이 부분은 그 사람의 살아가는 능력과 의지와 실행력 등을 나타낸다. 곧 사회성을 나타내는 것이다.

❶ ○＝남성의 두 눈 사이에 있는 생점은 강한 운세를 나타내기 때문에 크게 성공한다. 주의할 점은 성공의 가도를 달릴 때 주변으로부터 많은 사람이 모이게 되는데, 그들 중에는 틀림없이 해를 끼칠 만한 사람이 있다는 것을 명심해야 한다. 여성은 강한 운세를 스스로 주체를 못하기 때문에 가정 주부로서 만족을 못하고 흔히 사회로 진출한다.

×＝남녀 모두에게 불길하다. 사고력은 있으나 결단력이 부족하기 때문에 좋은 운세인데도 번번이 기회를 놓치고

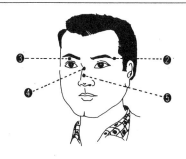

실패한다. 여성은 가정적으로 화합하지 못한다.

❷ ○=눈썹꼬리 부분에 생점이 있는 남녀는 학술이나 예능 방면에 탁월한 재능을 가지고 있어 부와 명성을 함께 얻는다.

×=부모형제의 운이 빈약하다. 집안의 귀찮은 일은 도맡아 한다. 여성은 남편운이 나쁘기 때문에 제거하는 것이 좋다.

❸ ○=눈과 눈썹 사이에 생점이 있으면 남녀 모두 대길하다. 지금까지는 어렵고 힘들더라도 어느 순간 운세가 일변한다. 흔히 '벼락 출세'를 한다는 말은 바로 이런 사람을 두고 하는 말이다.

×=운세가 빈약하다. 좋은 재능을 가지고 있더라도 기운이 발전하지 못하므로 인정을 받지 못한다.

❹ ○×=콧마루의 점은 강한 개성을 나타내지만 생점이나 사점 모두 불길하다. 지나치게 냉정한 일면이 있으므로해서 주변에 적을 많이 만든다. 따라서 운기에 파란곡절이 많고 가정적으로 안정을 잃기 쉽다.

❺ ○×=④번처럼 모두 불길한 흉점이다. 또한 이 경우에는 자기 자신을 인정받지 못하는 데서 연유된 신경성 질환을 앓기 쉽다.

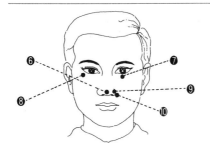

❻ ○＝코 끝에 생점이 있는 남성은 재물을 모으는 재주가 있
고 여성에게 인기가 있다. 섹스에 끌리기 쉬운 성격 탓
에 재물은 이내 흩어진다. 여성도 재물운은 있으나 섹
스 문제로 인해 남편과 불화가 잦다.

×＝남녀 모두에게 재물이 따르지만 빠져 나가는 것이 더
많다. 섹스에 대한 관심이 강하기 때문에 늘 어려움을
당한다.

❼ ○＝정면으로 보았을 때 눈의 검은자위 바로 밑에 생점이
있는 남녀는 자녀운이 좋다.

×＝자녀를 잃든지 자녀 때문에 속상하는 일이 많으므로 제
거하는 것이 좋다.

❽ ○＝아래 눈꺼풀에 생점이 있는 남녀는 정이 많다. 때문에
대인관계로 인해 유독 기쁨과 슬픔을 많이 겪는다. 여
성의 경우는 유혹에 약하기 때문에 사랑에 잘 빠지는
데, 배신을 당하는 경우가 많으니 제거하는 것이 좋다.

×＝남녀 모두 불길하다. 색정 때문에 인생을 망치는 사람
이 많다.

❾ ○＝콧방울 위에 있으면서 콧마루 측면에 생점이 있으면 재
물운이 풍부하고 자식운도 좋은 길점이다.

×＝남녀 모두 불길하다. 열심히 일해도 재물이 모이질 않

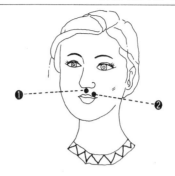

고 흩어지는 경우이므로 제거하는 것이 좋다.

⑩ ○＝콧방울 바로 옆에 생점이 있는 남녀는 의식주에 걱정이
　　없다. 일거에 큰 돈을 벌지는 못하지만 저축심이 있기
　　때문에 돈으로 인해 걱정은 없다.

　×＝이 부위의 사점은 생점과 정반대의 운세를 나타내므로
　　불길하다. 아무리 열심히 일해도 항상 궁핍한 생활을
　　하게 된다. 빨리 제거하는 것이 좋다.

◪ 하정에 있는 점의 운세

　사람의 얼굴에서 코 밑으로 입을 포함한 턱 일대를 하정이라
하는데, 이 부분은 말년운을 비롯해 애정과 건강, 그리고 주거
를 나타낸다.

❶ ○＝코의 바로 밑, 인중(人中)에 생점이 있는 남녀는 모두
　　자녀운이 좋고 인복이 있다. 남자는 부하운이 좋아 하
　　는 일마다 승승장구할 길점이다. 다만 인중(코와 입술
　　사이에 있는 일직선의 홈)을 약간 벗어난 경우에는 그
　　운세가 약하다.

　×＝남녀 모두 불길하다. 자녀 때문에 고생이 많다.

❷ ○＝이 곳에 생점이 있는 남녀는 모두 길하다. 재능이 뛰어
　　나기 때문에 일복이 많고, 그 일은 나날이 번창한다.

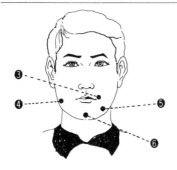

그래서 센스 있는 여성은 이 곳에 매력점을 찍는다.

×＝사교에 서툴고 색정적이다. 남에게 환영을 받지 못함으로 제거하는 것이 좋다.

❸ ○＝자신의 재능을 살려 한 우물을 파면 중년에 틀림없이 재물을 얻는다.

×＝직업이 불안정하다. 직장을 자주 바꾸고 발을 잘 다친다. 여성은 가정의 일로 인해 고생이 끊이질 않는다. 남녀 모두 제거하는 것이 좋다.

❹ ○＝턱의 왼쪽이나, 오른쪽 끝 부분에 뚜렷한 생점이 있으면 인복이 아주 좋다. 훌륭한 자식을 두게 되며 아랫사람들이 앞을 다투어 존경하며 따른다. 이 부분은 매력점을 찍는 포인트인데, 작고 진하게 매력점을 찍으면 깜찍하고 상큼한 느낌을 주면서도 인복을 부른다.

×＝자녀와 아랫사람 때문에 늘 고난을 당하는 점이다. 제거하는 것이 좋다.

❺ ○＝턱에 생점이 있는 남녀는 모두 좋다. 이 곳의 점은 주택운을 나타내는데 굉장한 저택을 갖게 되고 재물이 따른다.

×＝한군데 머물지 못하고 자꾸만 집을 옮긴다.

❻ ○＝남녀 모두 만년에 복이 있는 점이다. 다만, 이 부분에

흉터나 얼룩이 있는 경우는 오히려 나쁘다.

×＝자녀운이 적어 만년에 쓸쓸하다. 여성은 뱀처럼 냉정하
므로 마음을 터놓고 이야기할 상대가 없다. 제거하는
것이 좋다.

목숨을 구한 점괘

어느 날, 홍계관이 자기의 신수점을 보고 나서 안색이 흙빛이 되어 땅이 꺼질 듯한 한숨을 내쉬었다. 모년 모월 모일에 자신이 극형을 당할 점괘가 나온 것이었다.

"명이 다하여 죽는 것은 어쩔 수 없지만……, 하필 극형을 당해 죽는다는 것은 무엇이란 말인가!"

그는 연신 한숨을 내쉬며 면액 방법을 찾았다. 그랬더니 토성(土姓)을 가진 황씨(黃氏)에게서 죽이지 않겠다는 불망수기(不忘手記)를 받아두면 죽음을 면할 수 있는 것으로 나와 있었다.

그리하여 홍계관은 황씨 중에서 훗일 형조판서가 될 만한 인물이 누구인가를 찾느라 전국을 떠돌았다. 황씨 성을 가진 양반이면 누구를 막론하고 점을 쳐 보았으나 이렇다 할 인물이

쉽사리 눈에 띄지 않았다.

"아아! 정녕 내가 극형을 당해야 한단 말인가!"

사람을 찾지 못해 노심초사하던 중, 황희(黃喜) 대감에게 여러 아들이 있다는 소문을 들었다. 단걸음에 찾아가 그들을 만나보니 맏아들 보신(保身)과 둘째 치신(致身)은 큰 재목감이 아니었다. 그러나 셋째 수신(守身)을 보니 바로 자기가 애타게 찾던 형조판서감이었다.

"대감님, 셋째 아드님께선 훗일 반드시 형조판서를 하시겠습니다."

"허허, 그 소리를 들으니 기분이 좋으이."

천하의 유명한 점장이에게서 그런 말을 들은 황희는 허연 수염을 쓰다듬으며 흐뭇한 미소를 띤 얼굴로 아들 수신을 바라보았다. 그러나 정작 당사자인 수신은 그 말을 듣고도 시큰둥했다.

"서방님께선 분명 형조판서를 하실 분입니다. 그래서 한 가지 간청을 드리려고 이렇게 찾아왔습니다."

홍계관이 한발 앞으로 다가가 허리를 굽히자 수신은 달갑지 않다는 표정을 지었다.

"대체 무슨 근거로 그런 말씀을 하시오?"

"지금껏 소생의 점괘가 틀린 경우는 없었습니다. 모년 모월

모든 사람은 달과 같아서
누구에게도 보여 주고 싶지 않은 어두운 면이 있다.
─마트 트웨인─

모일에 소생은 무슨 죄를 지어 반드시 서방님 앞으로 끌려가게
될 것입니다. 그때 서방님께서 소생을 살려 주신다는 불망수기
를 이 자리에서 한 장 써 주십시오.”

홍계관이 거듭 허리를 굽히며 간청을 하자 곁에서 듣고 있던
수신의 형들이 빈정거렸다.

“여보시오! 우리 형제들은 모두 머리가 둔해서 아버님께서
도 벼슬할 생각은 말라고 하셨소. 그런데 형조판서라니 당치도
않은 소리요.”

“아니올시다. 사람의 운명이란 한 치 앞도 모르는 것입니다.
그저 사람 하나 살리시는 셈치고 부디 한 장 써 주십시오.”

홍계관이 다시 간곡히 청하자 수신이 입을 열었다.

“나같이 인격도 부족하고 학문도 모자라는 사람이 형조판서
가 될 리도 만무하지만, 설령 된다고 하더라도 죄를 지은 사람
을 어찌 벌하지 않을 수 있겠소! 죄 지은 사람은 벌을 받는 것
이 당연하오.”

수신이 사리에 맞는 말로 거절의 뜻을 분명히 했다. 그러자
황희 대감이 아들에게 일렀다.

“수신아, 유명한 점장이인 저 사람이 저렇게 간청하는 데는
필시 무슨 까닭이 있어서일 것이다. 굳이 거절만 하는 것도 덕
있는 사람의 소행이 아니다. 그러니 어서 한 장 써 드리거라.”

황희 대감의 분부로 불망수기를 얻는 데 성공한 홍계관은 안도의 한숨을 내쉬며 집으로 돌아왔다.

세월이 많이 흘러 세조가 치세를 하던 때였다.

당시 홍계관의 집은 점을 치러 오는 사람들로 말미암아 언제나 문전성시를 이루고 있었다.

자자한 소문이 궁궐에까지 퍼져서 세조의 귀에 들어갔다. 불교를 숭상하던 세조는 이내 홍계관을 불러들이도록 했다.

세조는 무당이나 점장이들을 몹씨 싫어했다. 그래서 홍계관을 제거하리라 마음 먹고 한 가지 계책을 세웠다. 그것은 홍계관이 입궐하기 전에 미리 준비한 주머니 속에 죽은 쥐를 한 마리 넣어 두었던 것이다.

홍계관이 어전에 엎드리자 세조는 추상같이 호령을 했다.

"네가 그토록 점을 잘 치기로 소문난 홍계관이렸다! 냉큼 이 주머니 안에 무엇이 들어 있는지 맞혀 보아라. 만약 맞히지 못한다면 당장 너의 목을 벨 것이다."

세조의 호령을 들은 홍계관은 담담한 태도로 산통을 꺼내 점을 친 후에 이렇게 대답했다.

"전하, 그 안에 들어 있는 것은 죽은 쥐입니다."

세조는 놀랄 수밖에 없었다.

"흐음, 그렇다면 몇 마리나 들었는지 말하라."

"모두 세 마리이옵니다."

"분명 세 마리라고 했으렸다?"

"그러하옵니다."

"만약 틀리면 목숨을 잃어도 한이 없겠지?"

"예, 맞지 않으면 여하한 벌이라도 달게 받겠습니다."

홍계관은 자신만만한 소리로 대답했다. 그러나 주머니 속에서는 죽은 쥐 한 마리가 있을 뿐이었다. 그 순간 홍계관의 안색은 사색으로 변함과 동시에 세조의 진노한 목소리가 터졌다.

"에잇, 혹세무민하는 요망한 놈 같으니라구! 당장 극형에 처하여라!"

홍계관은 포졸들에게 포박 당하여 형조판서 앞으로 끌려갔다. 과연 그의 점괘대로 형조판서는 황희 정승의 셋째 아들 수신이었다. 공교롭게도 그날 아침에 판서로 임명되었던 것이다.

그것을 확인한 홍계관은 일단 안도의 한숨을 내쉬고 품속에 간직하고 있던 불망수기의 쪽지를 내밀었다.

"대감, 저를 알아보시겠습니까? 이 불망수기를 보십시오."

사형수인 홍계관의 거동을 의아한 눈으로 바라보던 황수신은 그제서야 눈을 동그랗게 뜨고 그의 면면을 세세히 살폈다.

"아아! 당신이 바로 그 유명한 점장이군요. 그렇잖아도 오늘 내가 갑자기 형조판서로 임명되었기에 신통하게 여기던 참이오. 그래 대관절 어쩌다가 이 모양이 되었소?"

판서의 말에 홍계관은 지금까지의 사정을 죽 설명하고 나서 다음 말을 덧붙였다.

"분명히 세 마리가 들어 있다는 점괘가 나왔습니다. 그런데 웬일인지 실제는 한 마리 밖에 없었습니다. 대감께서 한 번 더 자세히 조사해 주시기 바랍니다."

"알겠소. 당신과의 약속도 있고 하니 내 어전에 가서 다시 자세히 알아보리라."

황수신은 곧바로 세조를 배알하고 홍계관에게 불망수기를 써 주었던 사연을 설명했다. 그런 후 주머니 속에 넣었다는 쥐를 보여 주십사고 청했다.

"흐음, 그것 참 신통하군 신통해. 여봐라! 쥐를 다시 내오너라."

세조의 명을 받은 내관이 쥐를 가져왔다. 분명 한 마리였다. 그러나 유심히 보니 유난히도 살이 찌고 통통한 쥐였다.

황수신은 그것을 이상하게 생각하여 내관에게 명령했다.

"당장 쥐의 배를 갈라 보아라!"

이윽고 쥐의 배가 갈라졌다. 그것을 곁에서 지켜보고 있던 세조와 황수신의 입에서는 동시에 신음처럼 외마디 비명이 터져나왔다.

"아앗!"

쥐의 뱃속에는 새끼 두 마리가 들어 있었다. 과연 홍계관의 점괘대로 세 마리임이 틀림없었던 것이다.

그리하여 홍계관은 죽음을 면하고 무사히 풀려 나왔다. 또한 황수신도 세조에게 신중히 일을 처리한다는 인상을 심어주어 훗날 더욱 큰 출세를 하는 데 결정적인 기반을 구축했던 것이다.

얼굴을 보고
사람을 꿰뚫는다

머리털을 살펴본다
이마와 눈썹을 본다. 눈과
코를 살펴본다. 입과 이빨을 본다
인중과 법령을 본다
턱과 귀는 이렇게 판단한다

제6장

얼굴을 보고 사람을 꿰뚫는다

 인상학에서는 사람의 얼굴을 세세히 구별하여 운세를 판단한다. 그것을 나열하면 이마 위의 머리털이 난 부분, 이마, 눈썹, 귀, 눈, 광대뼈를 포함한 뺨, 코, 인중, 법령(法令), 입, 이빨, 턱으로 구분한다.

여기에서도 상정·중정·하정으로 나눠 그 부위에 있는 운세를 분석한다.

얼굴을 보고 사람을 꿰뚫는다 · 머리털

얼굴의 각 부위를 보기에 앞서 먼저 머리털을 살펴본다.

인상학에서 사람의 몸에 돋아나 있는 털은 체모(體毛)라 하고, '인지체모 수목야(人之體毛 樹木也)'라 한다. 이 말을 인체를 지구에 비유할 때 털은 산이나 들판에 자생하는 나무와 풀

人之髥毛 樹木也

과 같은 것이기 때문에 사람의 머리털은 그 사람의 타고난 건강을 의미한다. 따라서 사람의 머리털은 새까맣게 검어야 하고, 윤기가 자르르 흐르는 것을 귀격(貴格)으로 친다.

군이 인상학적으로 따지지 않더라도 인간의 겉모양에서 좋고 나쁜 인상을 주는 결정적인 요소는 눈과 머리이다. 사람은 헤어스타일 하나로 몰라볼 정도로 바뀌는 것이다. 머리는 그림이나 사진의 액자라고 생각하면 된다. 액자가 좋으면 그림이나 사진도 훨씬 멋있게 보인다. 헤어스타일과 얼굴의 관계도 마찬가지이다.

멋을 아는 사람은 의상보다 먼저 헤어스타일에 신경을 쓴다. 미용과 관련된 잡지를 보면 얼굴형에 따른 헤어스타일을 많이 다루고 있는데, 그 나름대로의 논리와 설득력을 갖고 있다.

연예인들을 보면 정말 헤어스타일이 멋지다. 그들은 얼굴과 체형에 맞춰 개성을 십분 발휘하고 있다. 물론 이면에는 실력 있는 전문가의 조언이 있을 것이고 단골로 머리를 손질해 주는 미용사도 있을 것이다.

필자가 헤어스타일에 있어서 가장 후한 점수를 주고 있는 연예인은 인기 화요 드라마 〈전원 일기〉에서 큰아들 역으로 분한 K씨다. 그의 얼굴은 이목구비 모두 특별히 내세울 만하지 않고 평범하다. 그렇지만 눈, 코, 입 모두가 요령 있게 얼굴에 배치

되어, 숱이 많은 머리결에 힘을 넣어 드레시하게 뒤로 빗어 넘겼기 때문에 귀족적인 모습을 연출하고 있는 것이다.

머리털이 이미지를 만든다는 것은 결코 인간에게만 국한된 이야기가 아니다. 동물도 그렇다. 갈기가 없어진 사자나, 복슬복슬한 털을 빡빡 깎아버린 푸들강아지를 상상해 보면 된다. 어떤가, 정떨어질 정도로 궁상스럽지 않은가!

이제 본론으로 들어가서 여러 유형의 머리털을 알아 본다.

사람의 체형을 셋으로 구분한 것처럼 머리털도 크게 근골질 · 영양질 · 심성질의 머리털로 분류할 수 있는데, 그 성격은 체형에 준한다.

◐ 근골질의 머리털

근골질의 모발은 대체로 굵고 단단하며 색깔이 짙다. 물론 보통 사람들보다 모발이 많은 경우도, 적은 경우도 있다.

근골질의 머리털을 가진 사람은 성품이 강하고 고독하다. 색깔이 한결같이 검은 것이 특징인데, 광택이 나면 운이 좋고 건강하지만 광택이 없이 검기만하면 운이 나쁘고 건강도 나쁘다.

근골질의 머리털을 가진 사람은 머리가 벗겨질 때 이마에서부터 벗겨져 올라가는 사람이 많다.

발제

◖ 영양질의 머리털

영양질의 머리털은 굵고 부드러우며 색깔이 엷다. 정서가 풍부하지만 몸이 강건하지는 않다. 이런 머리털을 가진 사람 중에는 유독 대머리가 많은데, 벗겨지는 형상은 머리 정상에서부터 시작해 원형으로 점점 확대된다. 중년이 지나면 눈이 부실 정도로 반짝반짝 빛나는 대머리가 되는 유형이다. 남녀 불문하고 머리털이 매우 부드러우므로 손질하기가 매우 까다롭다.

광택이 나는 머리털이 좋으며 광택이 없는 것은 나쁘다.

◖ 심성질의 머리털

심성질의 머리털은 가늘고 부드러우며 대체로 숱이 많기 때문에 자람이 빠르다. 이런 머리털은 대체적으로 앞쪽, 즉 이마 방향을 향하여 자라는 것이 보통인데, 제멋대로 자라 산란하게 올라간 사람은 성격이 교활하다. 신경형의 사람들 중에는 대머리가 극히 적다.

머리털은 검으면서도 부드럽고 윤기가 잘잘 흐르는 것이 좋다. 근래에 와서 많은 여성들이 노랗고 빨간 색으로 염색하는 경향이 많은데, 스스로 나쁜 운세를 부르는 어리석은 일임에 틀림없다. 또한 남녀를 불문하고 곱슬머리는 자기 중심적이며 섹스에 강하다.

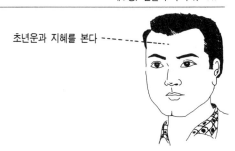

초년운과 지혜를 본다 ----

상정의 운세 분석 · 이마

◈ 발제를 보고 상대를 파악한다

얼굴을 우주에 비유한다면 이마는 하늘[乾, 天]이라 할 수 있다. 인상학에서 이 부분은 초년운과 지혜를 본다.

이마 위의 머리털이 난 부분을 발제(髮際)라고 한다. 이 부분의 털이 들쭉날쭉 하고 고르지 못하거나 제비꼬리처럼 털이 난 사람이 있다. 이런 사람은 도덕성이 결핍된 악질적인 사기꾼이 많다. 언변이 청산유수와도 같고 나쁜 쪽으로 머리를 회전하는 데는 과히 천재적이다. 추진하는 일에는 수단과 방법을 가리지 않는다. 그런데 그 일이 뜻대로 되지 않을 때는 강하게 저항하여 자업자득의 불행을 자초하기도 한다.

남녀 모두 인생에 파란이 그칠 날이 없는 상이다. 특히 여성은 결혼운이 불행하고 남편운이 박약하여 과부가 되기 쉽다. 불행을 피하는 방법은 자기보다 나이가 훨씬 많은 남자를 만나거나 재취하는 편이 좋다. 이런 유형의 사람은 항상 경건한 마음을 갖도록 노력해야 하며 음덕(陰德)을 쌓아야 한다.

◈ 좋은 이마, 나쁜 이마

좋은 이마는 넓고 약간 앞으로 나와 있으면서 상처가 없고

좁은 아마는 초년운이 좋지 않다.

M자형의 이마는 사물에 대한 연구심이 깊고
창조적인 아이디어가 뛰어난 사람.

혈색이 좋다. 이런 이마의 사람은 유년시절이 유복하고 운세도
좋다. 반면에 나쁜 이마는 좁고 약간 후퇴되거나 깎여져 있으
며 발제의 털이 고르지 못하다. 또한 이마의 혈색이 어두우며
주름이 난이하다. 이런 이마의 사람은 특히 초년운이 나쁘고
전체 운세도 박약하여 파란이 많다. 그런 환경 탓으로 인해 성
격 이상자가 많은 유형이다.

　필자는 이마가 빈약하고 거친 사람을 경계하는 편이다. 그런
사람들에게 몇 번인가 이유도 없이 봉변을 당했기 때문이다.

여의도에서 광란의 살인 질주를 한 젊은이를 보
더라도 발제가 고르지 못하고 이마가 빈약했다.
필자는 TV 화면을 통해 그자를 보면서 전율을
느꼈다. 이마도 나빴지만 특히 눈의 상이 나빴다. 그 자의 눈
은 관상학적 용어로 말하면 사백안(四白眼)이었다. 사백안은
검은 눈동자는 가운데에 있으나 상하좌우로 흰자가 보이는 눈
을 말한다.

　그와 같은 눈을 가진 사람은 지적인 데가 전혀 없이 동물적
인 본능대로 움직이는 감정적인 사람이다. 인간이기를 거부하
는 흉악범 중에는 이런 눈의 사람이 많으니 조심해야 한다.

◆ M자형의 이마

아치형 이마의 여성은 성격이 온화하고
동정심이 많지만 남편복이 없다.

그림과 같이 이마의 양쪽 구석이 위로 파여서 올라간 모양(M자형)의 사람은 사물에 대한 연구심이 깊고 창조적인 아이디어가 뛰어난 사람이다.

이러한 타입의 이마를 가지고 있는 사람은 대체적으로 학문이나 예술 분야에 종사하는 사람이 많다. 그러나 이런 형태의 이마라도 폭이 좁으면 재능이 떨어지고 소심한 성격의 소유자다.

◪ □형의 이마

가수 태진아의 이마를 연상하면 이런 형의 이마를 쉽게 알 수 있다. 이런 이마는 정면에서 보면 전체적으로 네모진 느낌을 준다. 약간 고지식한 면이 있지만 매우 현실적이고 책임감이 강하다. 또한 실무처리 능력이 뛰어나기 때문에 관리자로서 크게 인정을 받기도 한다.

◪ ○형의 이마

마치 타원처럼 아치형을 이루고 있는 이마를 말한다. 이런 이마를 가진 사람은 성격이 온화하고 동정심이 많다. 그러나 여성에게 있어서는 남편운이 없는 대표적인 이마다.

필자와 절친한 고향 친구의 어머니와 누님이 이런 이마였다.

발제부분이 어지러운 사람은 천성적으로
게으르고 지성이 없다.

친구의 아버지는 읍내에서 소문난 건달이었다. 하는 일이 없이
술집으로, 다방으로 다녔으므로 집안 살림은 어머니가 꾸려나
가지 않으면 안 되었다.

어머니는 어패류 장사를 했다. 허구한 날 꼭두 새벽에 해안
지방으로 차를 타고 가서 조개며, 고막을 사다가 저자거리에서
팔았기 때문에 고생이 이만저만이 아니었다. 필자가 어렸기 때
문에 그 부부의 속사정을 이해할 수는 없었겠지만, 어린 눈으
로 보기에는 건달인 남편을 지성으로 섬겼으며 동네 사람들에
게도 인정을 베풀며 친절했다. 그런데도 남편에게 홀대를 받다
가 끝내 세상을 뜨셨다.

친구의 누님도 결혼 후의 생활이 행복하지 못했다. 같은 동
네의 목수 일을 하는 사람에게 시집을 갔는데, 늘 얻어맞아 깨
끗한 얼굴을 보기 힘들었다.

이 외에도 남편운이 없는 여성을 살펴보았을 때 아치형의 이
마가 유독히 많았다. 그것은 성격이 온화하고 동정심이 많기
때문에 맺고 끊음이 분명치 못하고 부당한 부탁을 쉽게 거절하
지 못하기 때문에 타인에게 끌려다니는 것이다.

◑ 갈매기형 이마

갈매기가 유유히 날아가는 것과 같은 형태의 이마도 아치형

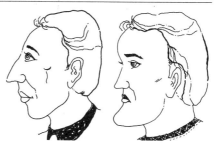

지혜보다 실행력이 강한 사람.　사색형의 사람으로 실행력이 약하다.

과 같이 대표적인 여성형 이마다. 이런 타입의 이마를 가진 사람은 성격도 아치형과 비슷하다. 온화하고 양순하며 남에 대한 동정심이 많다.

　여성의 경우에는 남편을 존경하고 자녀를 잘 돌보는 현모양처이다. 그러나 남성의 경우는 의지가 약하며 실행력이 부족하다. 또 발제 부분이 어지러운 사람은 천성적으로 게으르고 지성이 없다.

◖ 이 밖의 이마로 아는 사람의 성격과 운세 10가지

① 이마 부분만 발달해 있고 중정이나 하정이 발달하지 못한 사람은, 두뇌는 뛰어나지만 실행력과 정이 부족하다.

② 이마와 턱 부분은 발달해 있지 않고 코가 높게 앞으로 돌출해 있는 사람은 지혜보다 실행력이 강하다. 성급한 반면 인내심이나 지구력이 부족하고 반성력이 결핍되어 있기 때문에 실패가 많다.

③ 이마보다 턱이 더 발달한 사람은 야성적이다. 행동이 거칠고 비천하지만 정은 많다.

④ 이마와 턱보다 눈과 코, 그리고 입이 주걱 형으로 들어가 있는 사람은 사색형이다. 신중하지만 실행력이 없기 때문에 기회를 놓치기 쉽다.

⑤ 튀어나온 이마는 지능의 상징이다. 사교성과 협조성이 좋은 사람이다.

⑥ 이마에 흉터가 있는 사람은 운세가 쇠약하다. 또한 이 흉터는 중앙에 가까울수록 흉하다.

⑦ 이마의 혈색이 좋지 않은 사람은 불길하다. 몸이 쇠약하거나 나쁜 생각을 품고 있거나, 또 그 사람의 운세가 아주 나쁨을 뜻한다.

⑧ 오른쪽 눈썹 끝부분의 위에 검은 빛깔이 생기면 큰 손재를 당한다.

⑨ 이마 전체가 검은 구름이 낀 듯 어두워지면 대단히 불길하다. 환자라면 사망한다.

⑩ 천중(天中 : 이마의 중간 부분)이 연기에 그을린 것 같으면 뜻밖의 재난을 당한다.

긴 눈썹의 사람은 부모 형제 운이 좋다.

중정의 운세 분석 · 눈썹

눈썹은 형제의 일이나 자손의 일, 혹은 친척의 일을 판단한다. 이것은 털이 자기의 혈액에 관계가 있기 때문이다. 눈썹의 길이는 눈보다 약간 긴 것이 표준이다.

이마를 하늘로 보는 것과 같은 맥락에서 눈썹은 하늘에 떠 있는 구름에 비유한다. 화창한 날 하늘에 떠 있는 구름은 보기에도 아름답고 좋다. 그러나 흐리거나 비를 부르는 구름은 어쩐지 어둡고 산란하다.

이와 마찬가지로 눈썹이 가지런하고 아름다우며, 눈에 비해 눈썹이 길면 부모와 형제자매의 운이 좋다. 반면에 눈썹이 거칠고 짧으면 부모와 형제자매의 운이 희박하다.

눈썹에도 여러 종류가 있다. 짙고 옅은 것이 있고 길고 짧은 것도 있다. 또 갖가지 형태가 있고 색채가 있다. 이제부터 그 하나하나의 운세를 판단한다.

◘ 긴 눈썹

긴 눈썹의 사람은 대체로 부모 형제의 운이 좋다. 두텁지 않고 길쭉길쭉한 눈썹은 장남 상이며, 만약 장남이 아니더라도 어버이를 이어 받

눈썹이 짙은 사람은 성격이 꼿꼿하다.

짧은 눈썹은 부모나 형제와의 인연이
희박하다.

는다. 그러나 눈썹이 길더라도 도중에 절단되어 있는 경우(세로로 금이 나있는 것처럼 보이는 것)는 단명하는 형제가 있고 우애도 끊어진다. 후천적으로 이곳에 흉터가 생겨 절단된 눈썹은 부부 인연이 박약하고, 이중인격자가 많다.

◪ 짧은 눈썹

눈보다 눈썹이 짧은 경우는 부모나 형제와의 인연이 희박하고 자식복도 없어 늘 쓸쓸하다.

◪ 짙은 눈썹

눈썹의 형상은 적당히 짙고 굵으며 듬직한 것이 좋다. 짙은 눈썹의 사람은 성격이 꼿꼿하다. 그러나 대단히 짙거나 굵고, 밑의 살이 보이지 않는 상은 나쁘다. 아집이 너무 강하기 때문에 파산하는 경우가 있다.

◪ 옅은 눈썹

살갗이 들여다보일 정도로 눈썹이 옅은 사람은 육친의 운이 희박하다. 소심하고 나약하기 때문에 표리가 불분명하다. 그렇기 때문에 지도자는 되지 못한다. 계산에 따라 인간관계를 맺는 경향이 강하며 언변이 좋다.

옅은 눈썹은 소심하고 나약하며
표리가 불분명하다.

◈ 거슬린 눈썹, 산란한 눈썹

눈썹이 가지런하지 못하면 감정도 가지런 하지 못하다. 이런 사람은 변덕이 심하기 때문에 인간관계가 원만치 못하다. 이 성격을 기본으로 하여 다음을 본다.

눈썹털이 위와 아래에서 얼싸안은 것처럼 난 사람은 명이 짧다. 자신 스스로 판단을 잘못하여 불행을 자초하기 쉬운 상이다.

거슬린 눈썹의 사람은 반항적이다. 쉽게 남을 인정하지 않으려는 아집 때문에 자칫하면 주변의 사람과 대립하여 화를 자초한다.

◈ 일자(一) 눈썹

한 일(一)자형 눈썹의 사람은 사리판단이 빠르고 매사에 처리능력이 뛰어나며 적극적인 성격의 소유자다. 그러나 너무 자기 주장이 강하기 때문에 좀처럼 주위 사람들과 융화하지 못한다.

일자형 눈썹에서 눈썹털이 거칠고 수지가 적은 사람은 실천력은 강하지만 성미가 너무 급한 것이 단점이다.

◈ 초승달 눈썹

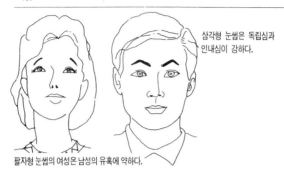

삼각형 눈썹은 독립심과
인내심이 강하다.

팔자형 눈썹의 여성은 남성의 유혹에 약하다.

작가들이 작품에 등장하는 미인의 눈썹을 묘사할 때 흔히 이 눈썹을 택한다. 어감이 좋을 뿐더러 인상학적으로도 미인에게 어울리기 때문이다.

이 눈썹의 사람은 대단히 민감하고 섬세하며 정서가 풍부하다. 따라서 예술적 재능은 타고 나지만, 매사에 소극적이고 실행력이 부족한 면이 있다. 또한 변덕이 심하고 남에게 의존하는 경향이 강하다.

◘ 팔자(八)형 눈썹

눈썹 꼬리가 아래로 처진 팔자형 눈썹의 사람은 자비심이 깊고 눈물이 많은 사람으로 주위 사람들에게 좋은 인상을 준다. 이런 눈썹은 부처님같은 원만함을 갖추고 있어서 나한미(羅漢美)라고도 하는데, 부드러운 표정의 이면에는 대담한 배짱이 숨어 있다.

남성은 사교술이 뛰어나 사람을 요령 있게 다루는 솜씨가 있다.

이런 눈썹의 여성은 분위기에 매우 약하다. 그래서 남성의 유혹에 쉽게 넘어가는 타입이다.

◘ 삼각형 눈썹

장군형 눈썹은 단순 명쾌한 성격으로
책임감이 강하다.

눈썹이 삼각형으로 된 사람은 자존심을 중시하는 성격이기 때문에 독립심과 인내심이 강하다. 어떠한 장애나 난관에 부딪쳐도 정면으로 맞서는 배짱이 있고 또 그것을 마침내 극복해 버리는 굳센 의지가 있다. 이런 눈썹은 특히 미술가들 중에 많다.

◐ 장군형 눈썹

눈썹이 상단의 그림과 같이 힘차고 늠름한 형태를 취한 눈썹은 장군형 눈썹이다. 이런 눈썹의 사람은 상대에게 위압감을 주는데, 절대 권력자에게 적합한 눈썹으로 단순 명쾌한 성격을 지니고 있다. 모든 일을 자기가 생각하는 대로 용단을 내려서 강행하며 책임감도 강하다. 그러나 독선적인 면이 있으므로 분명한 적과 동지를 만들게 된다.

◐ 《상서》에서 간추린 눈썹 판별법

① 눈썹이 맑고 가늘면서 길게 뻗은 사람은 두뇌가 명석하다.

② 거칠거나 산란한 눈썹에 색깔마저 짙은 사람은 역모에 가담하기 쉽다.

③ 눈썹 깊이가 짧으면서 끝이 짤려진 듯한 사람은 마음이

상서에 수록된 눈썹의 여러 가지

용미(龍眉) 유엽미(柳葉眉) 검미(劍眉)

청수미(淸秀眉) 호미(虎眉) 수미(壽眉)

모질고 흉악하다.

④ 눈보다 훨씬 길게 뻗은 눈썹은 부귀를 누린다.

⑤ 눈보다 훨씬 짧은 눈썹은 가난뱅이의 상이다.

⑥ 눈썹의 꼬리가 윗쪽으로 치켜올라간 사람은 성품이 강직하다.

⑦ 눈썹의 꼬리가 아래로 처진 듯 내려간 사람은 마음씨가 부드럽다.

⑧ 눈썹이 이마쪽으로 너무 올라 붙어 머리털과 닿을 듯한 사람은 인복이 없고 가난할 상이다.

⑨ 거꾸로 나있는 눈썹의 남성은 반드시 처자식을 버리고 방탕한 생활을 한다.

⑩ 눈썹 한가운데 사마귀가 나있는 사람은 어질고 총명하다.

⑪ 눈썹에 가로줄이 많으면 가난하게 산다.

⑫ 듬성듬성하면서 엉성한 눈썹은 형제간에 인연이 없고 재물의 출납이 심하다.

⑬ 노랗고 성긴 눈썹의 사람은 재산을 탕진하고 타관객지에서 객사할 상이다.

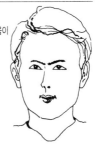

눈썹이 딱 붙어 있는 사람은 마음이 매우 좁고 잔소리가 심하다.

◪ 이 밖의 눈썹으로 아는 사람의 성격과 운세 10 가지

① 말할 때 눈썹이 움직이는 사람은 웃사람과 의견 충돌이 잦다. 어버이의 뒤를 이을 수 없으며, 경솔하고 급한 성격으로 인해 파산하는 경우도 있다.

② 눈썹의 털이 지나치게 굵거나 검으며 산만한 사람은 반드시 파산한다. 육친과 융화를 못하며 자식과도 인연이 없다.

③ 눈썹꼬리가 듬직하게 안정되어 있는 사람은 장수한다.

④ 눈썹이 눈과 눈 사이에서부터 시작된 사람은 부부운이 좋지 않다.

⑤ 미간이 넓은 사람(두 눈썹 사이가 손가락 두 개가 들어갈 정도)은 일찍 성공한다. 낙천적인 성격으로 사교성이 좋다.

⑥ 두 눈썹이 미간에 교차되듯이 딱 붙어 있는 사람은 마음이 좁고, 일생 동안 하는 일마다 막힘이 많다.

⑦ 눈썹 끝이 갈라져 있는 경우는 필히 배다른 형제가 있다.

⑧ 웃을 때 우는 눈썹이 되는 사람은 불행하다.

⑨ 언제나 눈썹 뿌리를 모으고 있는 사람은 병약하며 운세도 나쁘다.

⑩ 눈썹 위에 흰 털이나 긴 털이 사십대 이전에 나면 처자에게 해롭고, 오십 이후에 나면 장수한다.

중정의 운세 분석 · 눈

 눈은 사물을 보고 그것을 식별하는 감각 기관이다. 그러나 사람의 눈에 부여된 능력이 그것에 한정된 것은 아니다. 흔히 '눈은 마음의 창'이라 한다. 이 말로서도 알 수 있듯이 눈은 자신의 의사나 마음속의 움직임을 민감하게 비추는 거울의 역할도 한다. 즉 본심이나 속마음을 아무리 숨기려 해도 눈이라는 감각 기관에 알게 모르게 나타나는 것이다.

맹자는 "마음이 바르면 곧 눈동자가 맑고, 마음이 바르지 못하면 곧 눈동자가 어둡다."고 했다. 이 역시 사람의 선악까지도 눈으로써 판단할 수 있다는 선인들의 가르침이라 하겠다.

이와 같이 눈은 그 사람의 마음을 아는 중요한 열쇠가 된다.

눈을 우주에 비유한다면 해와 달과 같은 존재이다. 때문에 맑고 흑백이 분명하며 검은 눈동자가 많고 흰창이 적을수록 귀한 눈이라 하겠다.

인상학에 있어서 눈은 얼굴 전체 운의 절반 이상을 차지하는 가장 중요한 곳이다.

《신상전편(神相全編)》의 상목론(相目論)에는 눈을 이렇게 설명하고 있다.

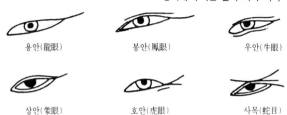

상서에 수록된 눈의 여러 가지

용안(龍眼)　　봉안(鳳眼)　　우안(牛眼)

상안(象眼)　　호안(虎眼)　　사목(蛇目)

"잠들면 신(神)은 마음에 있고, 잠을 깨면 신은 눈에 있다. 그래서 눈을 신의 '유식(遊息)의 궁(宮)'이라 한다. 눈의 선악을 관찰하려면 신의 청탁(淸濁)을 보아야 한다."

이 말이 단적으로 설명하듯 눈의 형상 등을 보는 것은 지엽말절(枝葉末節)에 불과하며, 눈에서는 심상(心相)을 판별하는 것이 중요하다.

《신상전편》, 《마의상서》, 《유장상서》 등의 상서(相書)를 보면 용의 눈[龍眼], 봉의 눈[鳳眼], 학의 눈[鶴眼], 공작의 눈[孔雀眼], 제비의 눈[燕眼], 호랑이의 눈[虎眼], 소의 눈[牛眼], 기러기의 눈[雁眼] 등 갖가지 동물의 눈과 체형 등을 들고 있다. 몇 귀절 옮겨보면 다음과 같다.

* 양의 눈처럼 생긴 사람은 형벌을 받을 상이다.
* 꿩의 눈동자에 쥐눈처럼 생긴 사람은 도적의 상이다.
* 용의 눈동자에 봉황의 눈처럼 생긴 사람은 반드시 부자가 된다.
* 뱀의 눈동자에 양의 눈을 가진 사람과는 절대로 친하지 말라.
* 돼지의 눈은 형벌을 받게되거나 시체를 해부할 상이다.

눈이 큰 사람은 온화하고 예민한 센스가 있다.

　　이상과 같은 말들이 수없이 많이 나오는데, 솔직히 필자는
그런 눈을 '이렇고 저렇다'라고 딱 꼬집어 집필할 자신은
없다.
　　그래서 누구나 쉽게 이해할 수 있도록 정리해 보았는데, 만
약 독자들 중에 동물학에 지식이 많은 분이 계시다면 만나뵙
고 도움을 받았으면 한다.

◘ 큰 눈

　　눈이 큰 사람은 온화하고 예민한 센스가 있어 사리판단과 표
현력이 뛰어나다. 화술이 뛰어나 사교에 능한 사람이 많지만
대체적으로 소심하고 겁이 많다. 이것을 기본 성격으로 하여
다음을 보면 된다.
　　얼굴에 비하여 눈이 크면 성미가 급하고 매사에 싫증을 자주
느낀다. 노골적으로 좋은 것과 싫은 것을 나타내므로 대인관계
에서 원망을 사는 경우가 많으며, 실행이 따르지 못할 말을 쉽
게 한다. 또한 성적 감각이 매우 예민하여 이성관계가 복잡한
경우가 많다.
　　눈만 크고 눈동자가 흐리멍텅하면 정신도 흐리멍텅하다. 겁
이 많고 의지가 약하며 소심하다.
　　여성의 눈이 둥글고 크면 유혹에 넘어가기 쉽다. 정열적이지

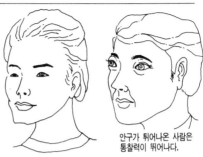

눈이 작은 사람은 의지가 굳고 실행력이 있는 노력파다.

안구가 튀어나온 사람은 통찰력이 뛰어나다.

만 변덕이 심하다. 눈이 큰 남녀는 이성으로 인한 구설이 많이 생긴다.

눈이 크고 날카로운 위엄이 있으면 신념과 의지력이 매우 강한 성격의 소유자다. 이런 눈의 사람은 탁월한 리더십이 있어 많은 사람들로부터 신망을 얻는다.

◘ 작은 눈

눈이 작은 사람은 의지가 굳고 실행력이 있는 노력파다. 성격이 소박하고 현실적인 사람이 많지만 대체적으로 겁이 없다. 이것을 기본 성격으로 하여 다음을 보면 된다.

눈이 작은 사람은 화술이 약해 사교성은 없지만 의지는 강하다. 눈에 힘이 있으면 생각이 깊고 실력이 있지만 그것을 표면에 좀처럼 드러내지 않는 신중함이 있다. 비밀주의적인 성향과 독한 성격을 가지고 있다.

눈이 작은 여성은 재치가 있고 신중하여 내조를 잘하는 반면에 질투심이 강하다.

◘ 톡 튀어나온 눈

흡사 금붕어의 눈처럼 안구(眼球)가 튀어나오고 윗눈꺼풀이 얇은 사람은 직감력과 상대방의 심리를 꿰뚫어 보는 통찰력이

눈이 우묵하게 들어간 사람은 사물에
대해서 집요하지만 판단력이 부족하다.

뛰어나다. 그러나 소심하여 실행력은 떨어지기 때문에 번번히
기회를 놓치고 후회한다. 눈이 크면서 튀어나온 사람은 부부의
인연이 변하기 쉽고 자손운도 나쁘다.

이런 눈이라도 윗눈꺼풀이 두터운 사람은 자기가 한번 작정
한 일은 반드시 관철시키는 적극성을 가지고 있다. 영웅호걸의
기개가 있지만 호색적인 성격으로 인하여 문제를 야기시키는
경우가 많다.

◘ 우묵한 눈

눈이 우묵하게 들어간 사람은 사물에 대하여 집요하고 악과
선에 강하지만 판단력이 부족하다. 재능은 있지만 화술에 약해
사교성은 없다. 전체적으로 운세는 강하다. 그러나 부모의 뒤
를 이으려 하지 않는다.

여성은 질투심이 많고 아량이 없다.

◘ 눈꼬리가 위로 치켜 올라간 눈

눈의 꼬리가 치켜 올라간 사람은 고집이 세고 자기 주장이
강하다. 매사에 행동적이고 적극적이지만 성미가 급해서 깊은
생각없이 일을 추진하므로 실패하는 경우가 많다.

이런 눈의 여성은 남성을 무시하고 있으며 손아귀에 휘어잡

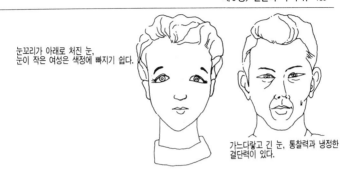

눈꼬리가 아래로 처진 눈,
눈이 작은 여성은 색정에 빠지기 쉽다.

가느다랗고 긴 눈, 통찰력과 냉정한
결단력이 있다.

으려 드는데, 눈이 크면 클수록 강도가 더하다.

◘ 눈꼬리가 아래로 처진 눈

눈꼬리가 아래로 처진 사람은 매우 현실적이며 지능이 높다. 겉으로 보기에는 약간 어리숙해 보이지만 마음 속에는 능구렁이 서너 마리가 또아리를 틀고 있다. 이런 눈의 사람으로 눈을 자주 깜빡이는 사람은 마음의 안정이 없으며 사물에 대해서 끈기가 없다. 반면에 재사형(才士型)이기도 하다.

눈이 큰 여성은 사리판단이 빠르며 이해관계를 잘 따진다. 반면에 눈이 작은 여성은 동작이 굼뜨고 색정에 빠지기 쉽다.

◘ 가느다랗고 긴 눈

눈이 째진 것처럼 가느다랗고 긴 눈의 사람은 통찰력이 있으며 냉정한 결단력이 있다. 명랑하지 못한 음울한 성격이지만 성공의 기회는 잘 포착한다. 겉으로 보기와는 달리 의외로 정에 약한 면이 있고 감상적이기도 하다.

여성은 사리판단이 빠르고 차분하다. 쌀쌀해 보이는 외모와는 달리 따뜻한 마음을 가지고 있기 때문에 가정운이 좋다.

◘ 상백안(上白眼)

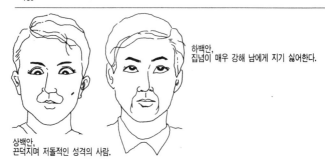

하백안,
집념이 매우 강해 남에게 지기 싫어한다.

상백안,
끈덕지며 저돌적인 성격의 사람.

인상학 용어로 눈의 검은 동자가 아래로 처져 있고 윗쪽의 흰자가 많이 보이는 눈을 상백안이라 한다. 이런 눈의 특성은 평소에는 보통 상태로 있지만 말할 때 눈동자가 자신도 모르게 아랫쪽으로 내려오는 저돌적인 눈이다. 재능이 있으며 성격적으로 끈덕지다. 또한 자만심이 강해 웃사람이나 친구를 얕보기 잘한다. 나쁜 방면으로 진출하면 큰 일을 저지르게 된다.

◆ 하백안(下白眼)

눈의 검은 동자가 윗눈꺼풀에 붙어 있고 아랫쪽의 흰자가 많이 보이는 눈이 하백안이다. 사람이 몹시 야심적인 마음이 있을 때 이런 눈이 되기 때문에 '야심적인 눈'이라고도 한다. 이런 눈의 사람은 야심가로서 남에게 지기 싫어 하는 성격의 소유자로 집념이 매우 강하다. 한번 목표를 정하면 수단과 방법을 가리지 않기 때문에 적을 만들기 쉽다.

여성이 이런 눈을 가지고 있으면서 힘이 없을 때 반드시 정신병을 앓게 된다. 그것은 다음과 같은 이유에서이다. 여자란 항상 눈이 소박하고 유화(柔和)한 것이 길상이다. 눈은 감정의 움직임을 나타내는 것으로써 마음이 안정되지 않을 때는 한쪽으로 치우치게 되는 것이다. 눈동자에 힘이 없이 하백안을 이루고 있으면 심경이 극도로 불안정한 것이다.

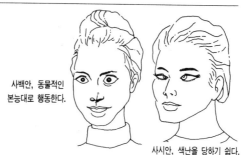

사백안, 동물적인
본능대로 행동한다.

사시안, 색난을 당하기 쉽다.

◆ 사백안(四白眼)

사백안은 그림과 같은 눈이다. 검은 눈동자는 가운데에 있지
만 상하 좌우로 사방에 흰자가 보인다.

이런 눈을 가진 사람은 지적인 데가 전혀 없이 동물적 본능
대로 움직인다. 뒷일을 생각하지 않고 순간순간 감정에 따라서
행동을 하므로 아주 사소한 시비에도 칼부림을 하기 쉽다. 그
렇기 때문에 살인자나 강간범을 비롯하여 흉악범에게 이런 눈
이 많다.

이런 눈을 가진 사람과는 절대 시비를 피해야 한다. "똥이
무서워서 피하나, 더러워서 피하지"라는 속담을 상기해야
한다. 나쁜 놈을 상대하지 않는 건, 그가 무서워서가 아니라
저마저 나빠지기 때문임을 명심하라.

필자가 군복무를 할 때 사백안의 눈을 가진 부하가 총기난동
을 부린 실로 끔찍한 사건이 있었다. 고참에게 기합을 받다가
표변하여 난동을 부린 것이다. 그 난동으로 인해 죄 없는 사병
세 명이 죽고 두 명이 중상을 당했다. 정말 요주의 인물이다.

◆ 사시안(斜視眼)

소위 '사팔뜨기'라고 부르는 눈이 사시안인데, 선천적으로
부모로부터 영향을 받아 생긴 현상이다. 이런 사람은 모든 사

눈매가 격한 사람은 기분이 사납다.

물에 대하여 한 곳으로 몰입해 생각한다. 또한 뒤를 생각하지 않고 그날그날의 순간에 만족하며 감정적으로 행동한다. 그렇기 때문에 남녀를 불문하고 색난을 당하며, 부부간에 이별이 잦다.

◪ 이 밖의 눈에 관한 사람의 성격과 운세 판단

① 좌우가 가지런하지 않는 눈의 사람은 자기 본위의 이기적인 성격이다. 여성은 남편으로 인한 고생이 끊이지 않는다.

② 남성의 왼쪽 눈이 오른쪽 눈보다 작으면 필히 공처가가 될 소지가 있다.

③ 남녀 불문하고 오른쪽 눈이 왼쪽 눈보다 작으면 부부 금실이 나쁘다.

④ 눈매가 격한 사람은 기분이 사납다.

⑤ 눈에 힘이 있는 사람은 운세가 왕성하다.

⑥ 눈이 흐리멍텅하면 정신도 흐리멍텅하다.

⑦ 눈을 자주 깜빡거리는 사람은 마음의 안정이 없으며 사물에 대해서 끈기가 없다.

⑧ 눈 속의 검은 자위가 고동색이고, 마치 원숭이 눈같은 사람은 자기 멋대로이고 베풀심이 없다. 남이 못되는 것을 매우 기뻐하지만 자신의 일은 대단히 잘한다.

⑨ 눈의 검은 자위가 안정이 없는 사람은 반드시 도적질을 하게 된다.

⑩ 눈의 검은 자위에 연기가 낀 것처럼 흐린 사람은 머지 않아 병이 나거나, 혹은 큰 고난을 당한다.

⑪ 눈에 힘이 없고 약간 내민 눈에 깨끗이 보이는 듯 하면서도 자세히 보면 탁한 것 같기도 하고, 빛나는 것 같기도 한 눈은 반드시 장님이 된다.

⑫ 눈의 흰자위가 먼지를 쓴 것처럼 흐린 사람은 마치 늙은 말이 짐을 잔뜩 싣고 괴로워하는 것처럼 고생이 많다.

⑬ 눈의 검은 자위가 검을수록 순정적이고 정열적이다.

⑭ 작은 눈의 사람으로 검은 자위가 검으면 성격이 격하다.

⑮ 갈색 눈의 사람은 명랑하지만 경솔하다.

⑯ 눈이 약간 나온 편이고 곁눈질로 보며, 아래에서 위로 치켜 보는 사람은 반드시 정신병을 앓는다. 또한 잘못된 생각으로 정신적 고통을 많이 받는다.

⑰ 눈의 안구가 앞으로 많이 돌출한 사람은 관액을 많이 당한다. 그렇기 때문에 경찰서나 법원 출입이 잦다.

⑱ 눈이 좌우로 자주 움직이는 사람은 경계심이 강하며 약삭빠르다. 이와 같은 눈을 '도적의 눈'이라고 하는데, 상대방에게 불쾌감을 주므로 반드시 고쳐야 한다.

⑲ 눈과 눈썹 사이가 좁은 사람은 인품이 착실하고 견실하다. 그러나 소심하고 남을 잘 믿지 않기 때문에 개운의 시기가 더디다.

⑳ 눈과 눈썹 사이가 넓은 사람은 마음이 넓다. 그러나 지나치게 넓은 남성은 이기적인 성격으로 많은 여성을 희롱한다.

㉑ 얼굴은 웃고 있는 데도 눈만은 웃지 않는 사람은 냉담·냉혹한 사람이다.

㉒ 눈이 너무 큰 사람은 간담(肝膽)이 약하기 때문에 단명하기 쉽다.

㉓ 눈에 늘 눈물이 고여 있는 남자는 정력이 부족하다. 단명하거나 가난하게 살아갈 눈이다.

㉔ 눈의 모양이 환목(環目 : 고리눈)인 여성은 심성이 고약하여 남편의 운을 약하게 한다.

㉕ 눈동자에 항상 붉은 색이 도는 여자는 시집을 세 번 가도 부족하다.

㉖ 두 눈빛에 부광(浮光 : 빛이 밖으로 드러남)이 있는 여자는 음난하고 신의를 지키지 못한다.

㉗ 눈 속에 검은 점이 있는 여자는 색골이다.

㉘ 눈썹과 눈이 거의 붙어 있는 사람은 남녀를 불문하고 단명한다.

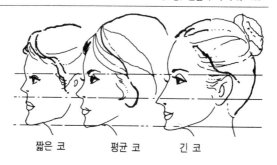

짧은 코   평균 코   긴 코

중정의 운세 분석 · 코

인상학에 있어서의 코는 그 사람의 운세의 대강(줄거리)을 의미하는 중요한 곳이다. 얼굴을 천지인(天地人)으로 나눌 때 이마 부분은 하늘, 입과 턱 부분은 땅, 코는 사람을 뜻한다. 그렇기 때문에 코를 그 사람 자신으로 보고, 그 주위 전부를 사회로 보는 것이 통례이다.

코는 프라이드의 상징이다. 흔히 자존심이 높거나 기가 꺾였을 때 "콧대가 높다", "콧대가 납작해졌다"라는 말로 대신한다. 인상학 용어로 코를 천자의 옥전(玉殿)을 말하는 난대(蘭台)로 칭하는 것이 이런 이유에서인데, 좌우의 코뿌리를 정위(廷尉), 즉 천자를 수호하는 역활로 해석한다. 또한 코는 재물과 불가분의 관계를 가지고 있다. 그래서 "귀 잘생긴 거지는 있어도 코 잘생긴 거지는 없다"라는 옛말이 생겼을 정도이다.

◘ 높은 코

가문이 좋은 사람들에게 코가 낮은 사람은 드물고, 천한 사람들에게 납작코가 많은 법이다. 코가 높은 사람은 이상이 높고 자존심이 강한 성격으로 남의 밑에 서는 것을 극도로 싫어한다. 때문에 실력이 있으면 만인을 통솔하고 존경도 받지만

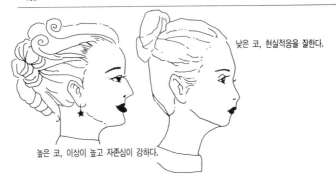

낮은 코, 현실적응을 잘한다.

높은 코, 이상이 높고 자존심이 강하다.

실력이 없으면 미움만 사게 된다.

　이상적인 얼굴은 우선 얼굴의 중심인 코가 잘생기고 얼굴형이 좋으며, 이목구비가 지나치게 크거나 작음이 없이 균형이 잡혀 있는 얼굴이다.

　코만 커서 주위와의 균형이 맞지 않을 경우는 자기 혼자 훌륭한 체 하더라도 주위 사람들이 조금도 알아주지 않고 오히려 손가락질만 당한다. 그러나 행동력 하나만은 대단히 뛰어나다.

　또한 코는 높으나 살이 얇아서 끝이 뾰족한 사람은 자기가 하려고 하는 일을 좀처럼 완성할 수 없다. 그 일이 상당히 진척되었다가도 끝내는 망치고 만다. 더구나 자손, 육친, 친척과도 인연이 희박하다.

　콧대만 높은 여성은 허영심이 대단히 강하다. 사람을 평가할 때 돈과 재산을 그 사람의 인격으로 간주하는 경향이 많기 때문에 인간미가 결여되어 있다.

◀ 낮은 코

　코가 낮은 사람은 자존심이 약하고 소심하다. 그러나 자기 자신에 대한 능력을 스스로 알고 있으므로 현실 적응에 능하다. 그렇기 때문에 남의 밑에서 일하는 것이 적합하다.

　코가 낮은 여성은 눈물과 웃음이 많다. 조금만 슬퍼도 울고

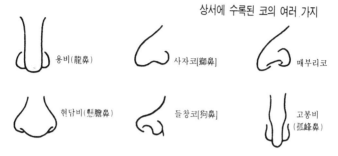

상서에 수록된 코의 여러 가지

용비(龍鼻) 사자코[獅鼻] 매부리코

현담비(懸膽鼻) 들창코[狗鼻] 고봉비(孤峰鼻)

조금만 속상해도 운다. 또 조금만 즐겁거나 사소한 일에도 잘 웃는다. 대체로 지성이 없고 생각하는 것이 천박하다.

◆ 긴 코

긴 코와 짧은 코를 구별하는 방법은 좌측의 그림과 같다.

얼굴(이마의 머리털이 난 부분)을 3등분하여 얼굴 전체 길이의 1／3이 표준이다. 3등분을 넘으면 긴 코, 3등분에 못미치면 짧은 코다.

 긴 코의 사람은 자존심이 강하고 형식을 존중하는 성향이 강하기 때문에 융통성이 없다. 세속적인 것보다는 고상한 것에 흥미가 있으며 스스로 고독을 즐긴다. 그렇기 때문에 세속을 떠나 종교생활을 하는 사람 중에 유독 긴 코의 사람이 많다.

◆ 짧은 코

코가 짧은 사람은 긴 코와는 달리 융통성이 좋아 결단이 빠르다. 그러나 일을 적당적당히 처리하는 경향이 많으며 말과 행동에 차이가 많다. 이 말은, 시작은 대단히 훌륭하고 좋지만 끝은 흐지부지하는 경우가 많다는 이야기이다. 신중하지 못하고 신의를 잘 저버리는 성격이므로 주의를 요하는 사람이다.

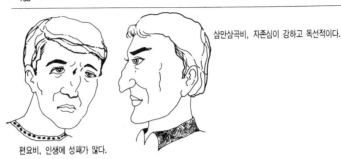

삼만삼곡비, 자존심이 강하고 독선적이다.

편요비, 인생에 성패가 많다.

◪ 콧등이 울퉁불퉁한 코

인상학에서 콧등이 울퉁불퉁한 코를 삼만삼곡비(三灣三曲鼻)라 한다. 이런 코를 가진 사람은 필요 이외의 자존심이 강하고 독선적이기 때문에 주위로부터 차츰차츰 고립되는 운세이다. 타협심이 부족하고 이해력이 결여되어 공격 성향이 강하다.

또한 일생을 통해 금전적인 고통이 많고, 행운이 와도 돈을 소중히 하지 않는 마음의 반영으로 빈곤하게 되는 상이다.

◪ 콧등이 휘어진 코

콧등이 바르지 못하고 굽은 코를 편요비(偏凹鼻)라 한다. 이런 코를 가진 사람은 인생에 성패가 많다. 수입이 있을 때는 많지만 이내 수입 이상의 지출을 하기 때문에 금전적인 고통이 심하다.

화술에 뛰어난 편이기 때문에 잘못 풀리면 사기꾼이 되기 쉽다. 여성은 결혼생활이 순조롭지 못하고 불행하다.

◪ 매부리코

매부리같이 끝이 뾰족하게 내리 숙인 코를 말하는데, 인상학에서는 응소비(鷹嘛鼻)라 한다. 이런 코의 사람은 돈을 모으는 능력은 타고났다. 마치 매가 병아리를 채가듯이, 돈의 흐름을

매부리코, 돈을 모으는 재주는 있지만 냉혹하다.

잘 파악하여 잽싸게 움켜 쥐는 성격의 사람이다. 그러나 이권이 있을 때 너무도 냉혹하기 때문에 주위에 적을 많이 만들며 산다. 어떤 일에 이권이 개입되면 심지어는 부모형제도 배반하며, 남을 희생시키는 것을 당연하게 생각한다.

◪ 들창코

코 끝이 위로 들려서 콧구멍이 위로 드러나 보이는 코를 들창코라 하는데, 인상학에서는 구비(狗鼻), 또는 노주비(露柱鼻)라 한다.

이런 코를 가진 사람은 남녀를 불문하고 금전에 대한 경계심이 부족하고 낭비벽이 심하다. 또한 사고가 천박하고 입이 가벼워 절대로 기밀을 지키지 못하는 성격이다.

여성은 유혹에 약하며 정조관념이 없다.

◪ 재복이 많은 코

앞에서 약간 언급을 했지만 인상학적으로 코와 재물은 불가분의 관계를 가지고 있다. 코 끝인 준두(準頭)는 금전에 대한 공격력을 나타내고 콧방울은 방어력을 나타낸다. 그렇기 때문에 콧대가 힘이 있고 높은 사람은 재물을 획득하려는 강한 힘이 있으며, 콧방울의 살이 두툼하게 붙어 있으면서 힘 있게 덮인 사람은 모은 재물을 탄탄하게 관리한다.

① 콧대에 힘이 있다.

② 코 끝이 둥글다.

③ 콧방울이 둥글며 살이 많이 붙어 있다.

　이상의 3박자를 갖춘 코를 재물운이 있는 '복코'라고 한다. 이런 유형의 코로는 경단코 · 쓸개코 · 용코 [龍鼻] · 소코 [牛鼻] · 마늘코 · 주머니코 등이 있다.

◪ 이 밖의 중정(코와 광대뼈)에 대한 성격 판단과 운세 분석 25가지

① 코 끝이 뾰족한 사람은 개성이 강하지만 냉혹하다.

② 코에 상처가 있는 사람은 평생에 한 번은 크게 실패하며, 자손운도 나쁘다.

③ 코 끝이 아래로 처진 사람은 재물을 낭비하지 않는다. 그러나 성격적으로는 다소 인색하다.

④ 코에 주름과 같은 가느다란 세로금이 많은 사람은 생애를 통해 고생이 많고 자손운이 약하다.

⑤ 코가 유별나게 크고 높은 사람은 처자식과의 인연이 빈약하여 가정적인 불화가 잦다. 일생을 통해 한번은 크게 실패한다.

⑥ 코의 살이 유난히 단단한 사람은 반드시 옹고집이다.

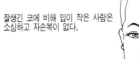

잘생긴 코에 비해 입이 작은 사람은
소심하고 자손복이 없다.

⑦ 코의 살이 말라서 뼈가 겉으로 튀어나온 것처럼 보이고 끝이 뾰족한 사람은 부모의 대를 잇지 못한다.

⑧ 코 끝이 빨간 사람은 가족운이 나쁘기 때문에 가정적으로 화목하지 못하며 늘 고생이 따른다. 만일 이런 사람이 많은 재물을 얻으면 반드시 단명한다.

⑨ 콧방울이 뚜렷한 사람은 얼굴의 다른 부분이 궁상(窮相)일지라도 노력에 따른 성공을 한다.

⑩ 콧방울이 없거나 빈약한 사람은 평생 운세도 약하고 저축력도 제로에 가깝다.

⑪ 코가 참으로 부드럽게 보이는 사람은 그 마음도 솔직하고 인정이 많다.

⑫ 코는 잘생겼으나 코에 비해서 입이 작은 사람은 소심하고 자손복이 희박하다.

⑬ 콧등 가운데 자연스럽게 옆으로 금이 생기는 사람은 평생에 한번은 큰 실패를 한다.

⑭ 콧구멍의 크기가 서로 극단적으로 다른 사람은 저축력이 거의 없다.

⑮ 콧구멍이 큰 사람은 성격이 활달하고 추진력은 강한 성격이지만 끈기가 부족하고 돈을 계획성없이 쓰는 낭비가이다. 대체로 수명이 짧다.

돌창코는 웃어른과 불화하기 쉽다.

⑯ 콧구멍이 작은 사람은 소심하고 경계심이 강하여 큰 일을
   못 한다.

⑰ 사자코처럼 코 끝만 높게 된 사람은 운세가 강하여 노력에
   부응하는 성공을 한다.

⑱ 들창코는 웃어른과 불화하기 쉽고 배신하는 경우도 많다.

⑲ 코에 마디가 있는 사람은 실패가 많다.

⑳ 콧방울이 아래로 많이 처진 사람은 부하복이 없다.

㉑ 콧등에 붉은 빛이 돌면 돌발 사고로 큰 상처를 입는다.

㉒ 코 끝과 콧방울에 흉터가 생기면 중년에 금전으로 인한 송
   사로 고통을 당한다.

㉓ 코뼈가 붉고 코 끝이 매부리처럼 뾰족한 여자는 필히 남자
   를 망친다.

㉔ 광대뼈가 너무 많이 튀어나와 있는 여자는 성격이 모질고
   남자를 깔아 뭉개야 직성이 풀리는 성격이다. 여자의 광대
   뼈가 눈보다 높이 솟아 있으면 남편을 죽인다.

㉕ 콧대가 꺾여진 사람은 투쟁적이다. 특히 이런 여성은 남편
   을 깔아 뭉갠다.

여자의 최대 결점은, 남자와 같이 되려고 하는 데에 있다.
—메스틀 : 프랑스의 철학자—

입은 운기의 문이며 자손의 관이다.

하정의 운세 분석·입

사람의 얼굴에서 입이나 입술은 애정, 음식물에 대한 미각, 언어 등을 표현하는 기관으로써 지극히 본능적인 감정을 나타 낸다. 인상학에서는 자손의 유무, 또 운기(運氣)의 강약을 판단 한다. 그 이유를 설명하면 다음과 같다.

입은 인간이 살아가는데 가장 중요한 부분이다. 사람은 눈· 코·귀의 기능을 잃으면 불편하더라도 살아갈 수 있지만 만약 입의 기능을 잃는다면 도저히 살아갈 수 없다. 그래서 입을 '운기의 문', '자손의 관(子孫之官)'으로 보는 것이다.

인상학에서 입은 큰 바다로 보고 나머지 부분을 하늘과 땅으 로 본다. 자연의 섭리에서 물이 부족하면 흙은 생기를 잃게 된다. 수분이 부족하여 흙이 생기를 잃으면 초목을 생육하는 힘이 모자라게 된다. 그래서 입이 작거나 힘이 없으면 자손과 의 인연이 희박하고 운세도 나쁘게 되는 것이다.

또한 입과 턱을 포함한 하정은 말년의 운(50세 이후)을 나타 내는 곳이다. 입술과 턱의 운이 좋은 사람은 아무리 초년, 중 년에 고생을 하였어도 말년에는 행복한 여생을 보내게 된다.

입은 우선 윤택이 좋아야 하며 벌릴 때는 크고 다물었을 때 는 작은 입이 좋은 입이다. 입술의 색깔이 좋으면 미학적인 측

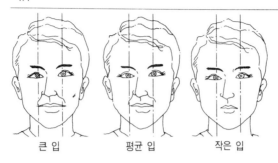

큰 입   평균 입   작은 입

면에서는 보기가 좋지만 색깔이 나쁘면 매력이 반감된다. 실제로도 입술의 색깔이 예쁘고 좋으면 애정생활도 건강하지만 정상이 아니면 무질서한 성생활을 하고 있거나 심장 등 신체에 이상이 있다는 증거이다.

입술은 색깔 다음으로 생김새를 본다. 입술에는 두터운 입술, 엷은 입술, 선명한 입술, 희미한 입술, 상향된 입술, 하향된 입술 등 수많은 입술 형태가 있다. 입술 판단에 있어 특히 중요한 것은 윗입술은 남을 위한 애정의 강도를 표시하고, 아랫입술은 자기 자신을 사랑하는 애정의 강도를 표시한다는 사실이다. 즉, 윗입술이 두터울수록 자기보다는 남을 더 사랑하는 희생정신이 강하고, 윗입술이 엷을수록 남보다는 자기 자신을 위하는 이기주의적인 성격이 강하다.

이상을 기본 성격으로 하여 다음의 입을 보면 사람의 성격을 꿰뚫을 수 있다.

◘ 큰 입

입의 크기는 그림과 같이 구별한다. 양쪽 눈 검은 자위의 내측을 기점으로 하여 수직으로 그어내린다. 그 선의 너비만큼 되는 것을 표준으로 보고, 선을 넘으면 큰 입, 선에 미치지 못하면 작은 입이다.

입이 얼굴에 비하여 크고 탄력이 있는 사람은 생각하는 것도 크고 호탕한 성격이다. 또한 행동력과 결단력이 뛰어나므로 리더의 자질을 타고난 사람이다. 또 이런 입의 사람으로 입술 색이 선명하게 붉으면 상술에 뛰어나 사업가로서 큰 수완을 발휘한다. 이런 입의 사람은 스케일이 크고 대담하기 때문에 정계와 재계에서 두각을 나타내는 경우가 많다. 그러나 큰 입이라 하더라도 탄력이 없어 느슨하고 입술의 색깔이 좋지 않으면 매사가 여의치 못하여 중단되는 일이 많다.

자기의 주먹이 쑥 들어갈 정도로 큰 입을 가진 남성은 여성을 다루는 솜씨가 매우 뛰어나기 때문에 바람둥이가 많다.

여성의 입이 크면 남성적인 성격이 강하게 작용하기 때문에 직업을 갖는 경우가 많다. 또한 큰 입에 입술이 두툼하면 성욕이 매우 강해서 색정으로 인생을 그르치는 경우가 많고 대체적으로 남편운이 좋지 못하다.

◘ 작은 입

얼굴에 비해 입이 작은 사람은 생각하는 것도 작고 사소한 것에도 놀라기를 잘하는 소심한 성격이다. 또한 독립심이 결핍되어 있고 생활력이 약하며 자손운도 희박하다.

필자가 피끓는 20대 초반에 한눈에 반해버린 여자가 있었다. 그래서 저돌적으로 접근하여 마침내는 가까운 사이가 되었다.

사랑이 탐스럽게 무르익어 갔을 때, 우리 사이에 문제가 생겼다. 그것은 다름이 아니라 그녀에게 이미 사귀고 있는 남자가 있었기 때문이었다.

필자는 그녀의 이중성에 어금니가 흔들릴 정도의 배신감을 느끼며 치를 떨었다. 필자가 분노한 것은 사랑의 배신이라는 그 자체보다는 자존심이 상했기 때문이었다. 그래서 그녀를 불러내서 추궁했다.

"나와 그 사람 중에서 한 사람만 선택해! 그 한 사람이 누구인지 지금 말을 해!"

"……."

그녀는 말없이 고개를 떨구고 있었다. 그런 모습이 필자를 더욱 화나게 했다. 필자는 한참 동안 죄인 심문하듯 그녀를 추궁한 후 끌다시피하여 그의 집 근처로 갔다.

그녀의 전화를 받고 나온 그는 키가 후리후리하게 크고 체격이 당당한 미남자였다. 그에 반해 필자는 키도 작은 편에 속하고 얼굴도 잘생긴 편은 아니었다. 화가 나서 그를 불러냈지만 우선 외모에서 위축감이 들었다. 그러나 그것을 내색하지 않으려고 애써 눈에 힘을 주면서 목청을 높였다.

"나는 설희 씨를 사랑하고 있소. 형씨도 그렇소?"

필자의 난데없는 이 말에 그는 어안이 벙벙한 모양이었다. 대답을 잃은 채 큰 눈을 깜빡거리며 그녀의 얼굴에 시선을 못 박았다.

"사람 말이 말같지 않소! 형씨께서 이 여자를 사랑하고 있는지 아닌지를 어서 말하시오."

필자는 삿대질로 그녀를 가리킨 후에 주먹으로 탁자를 힘껏 내리쳤다. 그 바람에 엽차 잔이 바닥으로 떨어지며 깨졌다. 이내 마담이 달려와 한바탕 말싸움을 했다.

그 소동으로 인해 필자는 우리들 사이에서 기선을 꽉 잡을 수 있었다. 그가 나를 두려워하고 있다는 것이 얼굴 표정과 몸짓에 역력했다. 눈을 마주하지 못했으며, 아이처럼 가느다란 목소리는 대책 없이 떨고 있었다.

'아주 나약한 놈이군.'

필자는 속으로 쾌재를 지르면서 여유 있게 그를 훑어봤다. 얼굴은 기생 오래비, 씻은 배추 줄거리같이 생겼지만 입이 유난히 작았다.

입이 작은 사람은 투쟁력이 부족해서 절대 강한 적과는 맞서지 못한다. 그러나 자신보다 약하다고 생각하면 한없이 강해지

튀어나온 입, 거칠은 성격이지만 생활력이
강하다.

는 속성이 있다.

그 사랑의 삼각 관계에서 승자는 필자였다. 그녀의 마음이
필자에게 완전히 돌아섰을 때, 필자의 마음은 이미 차갑게 식
어 있었다. 그녀의 이중성과 우유부단함이 생리에 맞지 않았기
때문이다.

그 후로도 입이 작은 많은 사람을 만났지만 십중 팔구는 소
심한 겁쟁이였다.

◪ 튀어나온 입

입이 짐승의 주둥이나 새의 부리처럼 앞으로 많이 튀어나올
수록 지능이 낮다. 때문에 교양이 없고 거칠은 성격이지만 추
진력과 생활력은 강하다.

사람이 화가 나 있을 때 이런 입이 된다. "입이 세 발이나 빠
져 있다"라는 속담이 말하듯이 무엇인가에 못마땅할 때 불어터
진 것 같은 입이 된다.

이마와 턱을 기준으로 하여 코와 입이 튀어나온 사람은 저돌
적이고 행동력은 강하다. 그러나 지능이 뒤따르지 못하기 때문
에 헛물만 켜는 경우가 많다.

또 이런 입의 사람은 자기의 주장을 관철시키려 드는 경향이
강하다. 장님이 코끼리의 일부분만 만지고 나서 그것이 코끼리

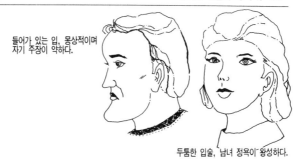

들어가 있는 입, 몽상적이며
자기 주장이 약하다.

두툼한 입술, 남녀 정욕이 왕성하다.

의 전부라고 우기는 것과 같이 답답하고 딱할 때가 많다.

여성의 경우는 아집이 세고 남편을 깔아 뭉개려 한다.

◪ 들어가 있는 입

입이 이마나 턱보다 들어가 있는 사람은 사색형의 성격으로 실행력이 결핍되어 있다. 이런 유형의 사람은 사물을 지나치리만큼 신중하게 면밀히 살피며 몽상적이다. 그렇기 때문에 인간 관계에 있어서도 상대방을 너무 의식하고 조심하므로 자기 주장을 내세우지 못한다.

올바른 일에 자기 주장을 못하는 사람은 불쌍한 사람이다. '예'와 '아니오'를 분명하게 할 수 없는 사람은 늘 타인의 지배를 받는 것은 당연하다. 바로 이런 사람이 싫은 일에도 상대방의 강요를 뿌리치지 못하기 때문에 소득도 없이 끌려다닌다.

◪ 두툼한 입술

입술이 두툼하고 그 빛이 붉으며 윤택한 사람은 인정이 많은 성격으로 부부간의 애정도 좋으며 미식가이다. 그러나 너무 두꺼우면 왕성한 정욕으로 인해 인생을 그르치는 경향이 강하다.

아랫입술이 두꺼운 여성은 음란하다. 아프리카 토인의 입술은 매우 두툼한데 곧 토인들이 정욕적임을 의미한다. 또한 윗

아랫입술이 윗입술보다 두터운 사람은 자기 중심적인 성격으로 타인에게 박정하다.

엷은 입술, 박정하고 타산적이다.

입술은 애정의 지적 활동으로 보기 때문에 정욕의 절제와 관련된다. 반면에 아랫입술은 본능적이고 육욕적인 활동을 본다.

◪ 엷은 입술

입술이 보통사람보다 엷은 사람은 박정하고 타산적이며 이기적인 성격의 소유자이다. 여성은 경솔하고 수다스러운 성격이기 때문에 사소한 비밀도 지키지 못한다. 또한 위아래 입술 모두 얇은 사람은 냉정하기 때문에 우정이나 연애에 절대로 몰입하지 않는다.

◪ 윗입술이 두터운 사람

앞에서도 말했지만, 윗입술은 남을 향한 애정의 표시가 나타나는 곳으로 두터울수록 애정이 깊다. 여성의 경우에는 남성의 유혹에 약하여 잘 넘어가는 성격이지만 다른 일에는 강하다.

◪ 아랫입술이 두터운 사람

상대적으로 아랫입술이 윗입술보다 두터운 사람은 자기 중심적인 성격으로 타인에게 박정하다. 윗입술이 유별나게 엷은 사람은 남에게 받기만하고 자기는 조금도 주지 않는다. 그렇기 때문에 주위로부터 인색하다는 말을 많이 들으며 배척을 당해

아랫입술이 튀어나온 사람은
자기본위의 성격이다.

아랫입술에 비해 윗입술이 튀어나온 사람은
마음이 약하다.

늘 외롭다.

또한 식도락에 대한 취미가 적고 요리솜씨도 없으며 성생활
도 무미건조하다.

◪ 윗입술이 튀어나온 사람

그림과 같이 아랫입술이 윗입술보다 힘없이 들어간 사람은
선천적으로 마음이 약한 성격이다. 때문에 남에게 이용당하기
쉬운 반면 주체성이 결핍되어 있다.

사람이 멍청해 보이면서도 순박해 보이는 것처럼, 머리는 별
로이지만 진실하기는 하다. 때문에 단순한 일을 시키기에는 적
합하지만 중요한 일을 시키기에는 꺼려지는 사람임에 틀림
없다. 이런 사람은 독립적인 사업을 피하고 고정적인 월급생활
을 하는 것이 좋다.

◪ 아랫입술이 튀어나온 사람

윗입술에 비해 아랫입술이 앞으로 튀어나온 사람은 자기 본
위의 성격이 매우 강하다. 때문에 자신에게 이로운 일에 대해
서는 타인은 아무렇게나 되어도 괜찮다는 심리를 가지고 있기
때문에 배신도 서슴지 않는다.

음양의 이치로 따지는 인상학에 있어서 윗입술은 하늘[天],

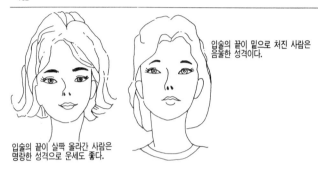

입술의 끝이 밑으로 처진 사람은
음울한 성격이다.

입술의 끝이 살짝 올라간 사람은
명랑한 성격으로 운세도 좋다.

아랫입술은 땅[地]으로 구별한다. 그렇기 때문에 윗입술이 아랫입술을 가볍게 덮는 것은 천지의 이치에 합당한 자연이지만, 반대로 윗입술보다 아랫입술이 튀어나와 있으면 천지가 거꾸로 된 이치인 것이다. 땅(아래)이 하늘(위)을 이기는 형태를 취하고 있음으로해서 늘 웃어른과 대립을 하게 되고, 또 배신을 하는 것이다.

이런 형태의 입을 가진 여성은 남편을 믿을 수 없어 직업을 갖는 사람이 많으며 부부운도 약하다.

◪ 양쪽 끝이 상향된 입술

입술의 양쪽 끝이 활[弓]을 당긴 모양처럼 약간 올라가 있는 사람은 명랑한 성격으로 운세도 좋다. 이런 사람은 일생 의식주에 대한 걱정이 없기 때문에 안정된 생활을 누릴 수 있는데, 이것은 하늘에서 내리는 필요한 운을 받아들이는 형상을 하고 있기 때문이다. 그러나 양쪽 끝이 너무 위로 올라간 사람은 욕심이 많고 말에 거짓이 많고 진실성이 없기 때문에 주의해서 봐야 한다.

◪ 양쪽 끝이 하향된 입술

상향된 입술과는 정반대로 입의 양쪽 끝이 밑으로 처진 사람은 의지가 박약하고 열등의식이 강하며 어둡고 음울한 성격으로 의식주에 고통이 따른다. 이는 하늘에서 내리는 운을 받지 못하고 그대로 땅에 흘려 버리는 형상이다. 인상학에서는 이를 '산재(散財)의 상'이라 한다. 여성은 독신으로 지낼 상이며, 남성은 초혼에 실패하기 쉽다. 남녀를 불문하고 부부운이 희박하다.

◘ 《상서》에서 간추린 입 판별법

① 입의 윤곽이 아주 뚜렷하면서 입의 양쪽 끝이 올라가 있거나 조금도 처지지 않은 사자구(四字口)의 사람은 총명하기 그지 없다. 재주가 많고 운세가 강해 부귀를 누린다.

② 마치 달을 바라보고 있는 듯한 느낌을 주는 앙월구(仰月口)의 사람은 부귀를 누린다. 이빨은 희고 입술이 붉으면 더욱 좋다.

③ 윗입술과 아랫입술이 두툼하여 마치 소의 입[牛口]처럼 생긴 사람은 재물운이 좋아 반드시 부자로 산다.

④ 입을 다물면 적지만 벌렸을 때는 자기의 주먹이 들어갈 정도의 입을 호랑이의 입[虎口]라고 하는데, 이런 사람은 부(富)에 앞서 귀(貴)가 우선이다.

⑤ 입술이 얇고 뾰쭉하게 나온 입을 양구(羊口)라고 한다. 이 입의 사람이 음식을 먹을 때 보면 마치 개처럼 보이는데, 성품이 흉악하기 그지 없고 가난뱅이로 산다.

⑥ 붕어입을 타고난 사람은 한평생을 부자로 살아보지 못한 채 죽는다.

⑦ 입술에 여러 개의 주름살이 있는 입을 추문구(皺紋口)라 한다. 초년에는 잘 살지만 만년에 고생이 많으며 명이 짧다.

⑧ 돼지의 입은 넓은 윗입술이 아주 거칠게 생긴 데 비하여 아랫입술은 아주 얇고 삐쭉하다. 이런 입을 저구(猪口)라 고 하는데 마음씨가 험악하기 그지 없다. 자기의 명도 채 우지 못하고 객사할 상이다.

⑨ 입을 다물고 있으면 이빨이 절대로 드러나 보이지 않는 입을 방구(方口)라고 하는데, 입술의 색이 곱고 윤택하면 반드시 부귀가 따른다.

⑩ 입술이 얇지만 매우 긴 입을 잔나비의 입[猴口]이라 한다. 인중이 대쪽을 쪼개놓은 것 같으면 큰 재물은 모으지 못 하지만 평생에 막힘이 없다.

◘ 이 밖의 입으로 판단하는 성격과 운세 분석 20 가지

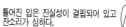

틀어진 입은 진실성이 결핍되어 있고 잔소리가 심하다.

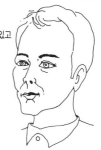

① 윗입술의 선이 선명한 사람은 좋은 가문에서 태어났으며 평생운도 좋다.

② 윗입술의 선이 불분명한 사람은 가문이 변변치 않다. 그러나 스스로의 노력으로 운세를 개척하면 선이 마치 거짓말처럼 선명해 진다.

③ 언제나 입을 벌리고 있는 사람은 지능이 낮거나 건강에 이상이 있다. 수명이 짧은 것은 절대적이다.

④ 입이 틀어진 사람은 거짓이 많고 진실성이 결핍되어 있으며 잔소리가 심하다.

⑤ 입이 일직선으로 굳게 다물어진 사람은 신념이 강하고 의지가 굳다. 다만 너무 고지식한 면이 있기 때문에 인간적인 재미는 부족하다.

⑥ 윗입술의 한복판에 살점이 두둑하게 붙어 있는 여성은 가정운이 좋다. 성교를 할 때 괴성을 지른다는 것이 이채롭다.

⑦ 입술에 주름이 없는 사람은 아무리 재산이 많고 형제가 많아도 우애를 모르는 냉혈인간이다.

⑧ 언제나 입 속에 침이 고이듯 물기가 있는 사람은 끈기가 부족하고 자손운이 없다. 일찍 부모를 여읜 사람이 많다.

⑨ 삼각형의 입술을 가진 사람은 지능이 떨어지고 운세가 약하기 때문에 인생에 파란이 많다.

⑩ 웃을 때 입만은 우는 사람이 있다. 이런 사람은 환경이 나쁘고 매사에 좌절이 많다.

⑪ 아랫입술의 바로 밑 부분에 연기에 그을린듯 엷은 흑색이 있는 사람은 허리에 병이 있다.

⑫ 윗입술이 위로 말리고 입이 뾰족한 여자는 남편을 공처가로 만들어야 직성이 풀리는 성격이다. 사고가 천박하며 마음이 악하다.

⑬ 입술의 빛이 항상 희거나 검푸른 여자는 과부상이다. 역설적으로 이 말은 여자의 기가 너무 세기 때문에 남편을 일찍 죽게 한다는 뜻으로 설명할 수 있다.

⑭ 웃을 때 위의 잇몸이 크게 드러나는 여성은 정조관념에 약하다.

⑮ 웃을 때 아래 잇몸이 드러나는 사람은 냉혹한 성격의 소유자이다.

⑯ 말을 하지도 않으면서 입을 씰룩거리며 말[馬]의 입처럼 생긴 사람은 사고가 천박하고 끼니를 걱정할 정도로 가난할 상이다.

⑰ 입술의 색상이 새까맣거나 자색이면 하는 일마다 막힘이 많다.

⑱ 입술에 검은 사마귀가 있는 사람은 술과 밥이 넉넉하다.

⑲ 아무도 없는데 혼잣말로 중얼중얼하는 사람은 도적이 아니
면 쥐새끼 같은 짓을 잘한다.

⑳ 메기입은 한평생 부자로 살아보지 못한 채 고생이 많다.

치열이 고르지 못하면 부모와의 인연이
희박하다.

하정의 운세 분석 · 이빨

 이빨이 아름다운 사람은 첫인상이 좋다. 인상학
에서 이빨은 건강이 좋고 나쁜 것을 본다. 이가
잘고 하얗기가 백옥(白玉)같은 사람은 보통 우리
가 생각하는 것처럼 좋은 상이 아니다. 그런 사람은 타고난 운
세와 건강이 약해서 절대 사람 위에 올라설 수가 없으며, 평생
을 두고 의식주에 고통을 받는다. 그러나 치열이 고르고 이빨
이 적당히 긴 사람은, 비록 다른 부위의 상이 나쁘더라도 노력
에 부응하는 성공을 거둔다. 또한 어떤 위험에 직면하더라도
피할 길이 생겨 위기를 모면 하게 된다.

이빨에서 두 개의 앞니를 당문(當門)이라 하는데, 이것은 부
모형제와 친척과의 운을 본다. 그렇기 때문에 앞니의 틈이 벌
어져 있으면 가족을 비롯하여 친척과의 융화가 나쁘다.

이상을 기본으로 하여 다음을 보면 이빨이 나타내는 운세를
알 수 있다.

◈ 치열이 고르지 못한 이

좋은 이빨은 적당히 길면서 치열이 고르며 희고, 깨끗하면서
도 광택이 있어야 한다. 또한 사이가 뜨지 않아야 하고 웃을 때

뻗니의 사람은 적극적이며 수완이 있다.

잇몸이 보이지 않는 것이 좋은 상이다.

치열이 들쭉날쭉하고 고르지 못한 사람은 부모와의 인연이 희박하다. 어릴 때 부모를 잃었거나 부모의 곁을 떠나서 자란 사람이 많다.

◘ 뻗니

흔히 말하는 '뻐드렁니'를 뻗니라고 한다. 이런 이를 인상학에서는 출치(出齒)라고 하는데, 입을 다물려 해도 잘 다물 수 없어 항상 이빨이 밖으로 드러나는 경향이 있다.

이런 유형의 사람은 수다스럽고 경솔한 면이 있지만 모든 일에 적극적이며 수완이 있다. 남녀 모두 섹스에 관심이 많다. 색정에 얽힌 트러블이 많은 상이다.

이와는 반대로 부모의 지나친 사랑을 받고 자란 경우도 있다. 이런 경우는 건강적으로 혜택을 받지 못했기 때문이다.

이런 유형의 사람은 남녀를 불문하고 끈기가 없고 의리심이 강하다. 또 언행이 일치되지 않으며, 거짓말을 잘하여 신용을 잃기도 한다.

남녀 공히 고집이 매우 세고 결혼운이 좋지 못함으로 치과에 가서 치열을 바로잡는 것이 좋다.

�‖ 옥니

뻗니와는 정반대로 안으로 오그라져 있는 이를 옥니(瑤齒)라고 한다. 이런 치아를 가진 사람은 이기적인 성격의 사람으로 욕심이 많다. 남이 잘되는 것을 배아파하고 시기를 한다. 여성의 경우는 대표적인 악상(惡相)에 속한다.

그러나 당문인 앞니 둘만이 병풍을 세운 것처럼 살짝 안으로 오무라든 사람은, 정에 약하고 의리에 강한 성격으로 남의 일을 잘 도와준다. 그런 심성이 복을 불러 운세가 강하고 특별히 가난하지는 않다.

앞니는 바르게 나 있고 바로 곁에 있는 송곳니가 활처럼 안으로 구부러진 사람은 자기가 당한 치욕에 대하여 죽을 때까지 잊지 못하는 집요성을 가지고 있다.

◌ 덧니

배냇니 곁에 포개서 난 이를 덧니라 한다. 배냇니는 젖먹잇적에 나는 유치(乳齒)인데, 이것의 곁에 다시 이가 포개서 난 관계로 덧니박이는 유아적인 성향이 강하다. 용기와 결단력이 부족하고 외뢰심이 강하며, 한 마디로 마치 어린아이처럼 어리광을 부리는 타입이다. 그래서 여성이 덧니가 나 있으면 남들로부터 호감을 받게 되어 친구운과 결혼운이 좋다.

틈이 많이 벌어진 사람은 끈기가 부족하고
비밀을 지키지 못한다.

앞니 중의 하나가 뾰족한 사람은 일생에
한번은 부모에게 크게 불효한다.

◨ 이빨 사이에 틈이 보이는 이

이빨과 이빨 사이가 전부 벌어져 있는 사람은 만사에 끈기가
없는 사람이다. 또한 부모형제를 비롯하여 친지들과의 인연이
좋지 않다. 비록 형제와 친척이 많다 하더라도 사이가 좋지 못
하다. 인상학에서는 이를 벌어진 틈새로 운기가 빠져 나오는
치아로 규정하고 있다. 심하게 벌어진 사람은 거짓말을 잘하는
경우가 많으며 비밀을 지키지 못한다.

◨ 앞니 하나만 뾰족한 이

두 개의 앞니 중에서 어느 하나가 뾰족한 사람은 일생에 한
번은 부모에게 크게 불효한다. 또한 결혼하고 나서도 가족과의
인연이 희박하여 고향에서 생활하는 일이 드물다. 별거나 이혼
하는 경우가 많으며 실패가 잦다.

◨ 송곳니가 앞니보다 크고 뾰족한 이

송곳니가 앞니보다 크고 갈아놓은 것처럼 뾰족한 사람은 부
모형제와 친척과의 사이가 나쁘고, 반드시 부모를 계승하지 못
한다. 이는 뾰족한 송곳니가 칼을 휘두르는 형상을 취하고 있
기 때문에 불화를 빚는 것이다.

◘ 이 밖의 이빨로 판단하는 성격과 운세 분석 10 가지

① 말을 할 때 이빨이 드러나 보이지 않는 사람은 생각이 깊은 사람으로 부귀가 따른다.

② 이빨이 삐뚤게 나있고 뻐드렁 이빨이 나있는 사람은 교활하다.

③ 이빨이 예리한 사람은 성격이 거칠고 육식을 좋아한다.

④ 송곳니가 개의 이빨처럼 날카로운 사람은 마음이 모질고 악독하다.

⑤ 윗이빨은 가는데 비하여 아랫이빨이 넓은 사람은 채식을 좋아하고 성품이 원만하다.

⑥ 이빨의 수가 38개인 사람은 왕이나 왕후의 상이다.

⑦ 이빨의 수가 36개인 사람은 정승이나 판서를 지낼 상이다.

⑧ 이빨의 수가 32개인 사람은 적당한 복을 받아 평탄한 생을 보낸다.

⑨ 이빨의 수가 30개인 사람은 가장 평균적인 인생을 보낸다.

⑩ 이빨의 수가 28개 미만인 사람은 한평생을 매우 가난하게 살아갈 상이다.

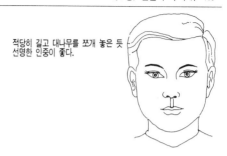

적당히 길고 대나무를 쪼개 놓은 듯
선명한 인중이 좋다.

하정의 운세 분석 · 인중

인중(人中)은 코와 입술 사이에 있는 세로줄의 홈을 말한다. 인상학에서 인중은 운기의 강약, 수명의 장단, 부하운과 자손운을 판단한다.

◆ 긴 인중

좋은 인중은 비교적 길고 대나무를 쪼개 놓은 듯 선명하다. 이런 사람은 정기가 충만하고 마음이 넓어 대인의 기질을 타고 난 사람이다. 그렇기 때문에 자손을 비롯한 아랫사람들의 존경을 받아 말년운이 좋다.

인중은 입과 같아서 그 사람의 운기가 드러나는 부분이다. 인중이 선명히 패어 긴장미가 있는 사람은 정신상태가 확고하다. 이것은 육근(六根 : 눈·귀·코·혀·몸·생각)이 초롱초롱 깨어 있다는 것을 의미한다. 실로 사람이 무슨 일인가에 열중하고 있을 때 인중은 선명하게 깊은 홈을 만들게 된다. 이는 정신에 흔들림이 없다는 것을 의미하는 것이다. 이에 반해 인중이 선명하지 못한 사람은 자손운과 부하운이 약하고 정신도 불안정하다.

그러나 너무 깊이 파여 있고 윗입술이 말려 있는 사람은 대

인중이 짧은 사람은 참을성이 없고 소심하다.

쪽 같은 성품 때문에 좀처럼 운이 트이지 않는 경우도 있다. 이 런 사람은 마음을 너그럽게 쓰면 차츰 깊은 홈이 얕아지며 운 세도 풀린다.

�‹ 짧은 인중

인중이 짧은 사람은 무슨 일이나 참을성이 없고 소심한 성격 의 사람으로서 자손운과 부하운이 희박하다. 또한 사람을 믿지 못하고 포용력이 부족하기 때문에 배신을 잘하며 변덕이 심 하다. 그렇기 때문에 역으로 아랫사람들에게 배척을 당하는 경 우가 많다.

◹ 이 밖의 인중에 관한 성격과 운세 분석 10 가지

① 인중에 가로금이나 세로금이 있는 사람은 자손운이 나 쁘다. 불의의 질병 또는 사고 등으로 단명하기 쉬우며, 자손이 많다 하더라도 그 자손들로 인해 고통을 받는다.

② 인중에 수염이 많은 남성은 성공이 비교적 빠르다. 반면 에 수염이 드문 사람은 성공을 하더라도 더디다.

③ 인중에 수염이 많은 남성은 이상이 높으나 활동적이지는 않다. 그리고 물질적인 것보다 정신적인 것에서 더 만족 을 찾는다.

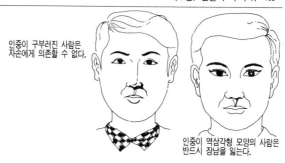

인중이 구부러진 사람은
자손에게 의존할 수 없다.

인중이 역삼각형 모양의 사람은
반드시 장남을 잃는다.

④ 인중에 수염이 드문 남성은 이해성이 있는 상식가이다.

⑤ 인중이 왼쪽이나 오른쪽으로 구부러진 사람은 자기가 낳은 자손에게 의존할 수 없다.

⑥ 인중의 위가 넓고 아래가 좁아 마치 역삼각형의 모양을 한 사람은 반드시 장남을 잃는다.

⑦ 인중의 선이 뚜렷하고 밑으로 내려올수록 넓은 사람은 귀한 자식을 얻는다.

⑧ 인중이 평평해서 선이 거의 없는 사람은 자식운이 매우 희박하다.

⑨ 인중이 깊고 길면 장수한다.

⑩ 인중이 길고 윗입술이 치아에 꽉 붙어 있는 사람은 대단히 길상이다.

하정의 운세 분석 · 법령

콧방울의 양 옆으로부터 입의 양쪽으로 내려진 선을 법령(法令)이라 하는데, 이곳은 사회적인 입장, 즉 직업운을 나타낸다. 인상학에서 법령으로 직업을 판단하는 것은 다음과 같은 이유에서이다.

앞에서 설명했었지만 인상학에서 코는 천자(天子)로 본다.

법령이 넓고 길게 뻗어 있는 사람은
모든것이 순조롭고 풍족하다.

그래서 천자가 아래의 만백성에게 내리는 명령이 법령이다. 상식적인 이야기이지만 천자의 명령에 순응하는 사람은 운세가 좋고 평탄하다. 거역하면 운세가 나쁜 것은 당연하기 때문에 직업운을 보는 것이다.

대체로 어린이나 젊은이들의 법령은 확실하지가 않다. 그것은 살이 많기 때문에 법령이 나타나지 않는 것이고, 또한 직업적으로도 안정이 되어 있지 않아서 뚜렷하지 않은 것이다.

젊은이들이 법령을 보려면 입을 크게 벌릴 때나 웃을 때 보면 알 수가 있다. 그때는 누구라도 법령이 확실하게 드러나는 법이기 때문이다.

◪ 넓고 길게 뻗은 법령

법령의 선이 뚜렷하고 양쪽으로 넓게 퍼져 있으면서도 길게 뻗은 사람은 무엇보다 스케일이 크다. 무슨 일을 하여도 순조롭게 풀리고 살고 있는 집도 넓고 크며 장수하는 상이다.

법령의 폭이 넓다는 것은 배포가 커서 사업을 크게 벌리고 있다는 뜻을 나타내며, 길다는 것은 많은 것을 포용하고 있다는 것을 의미한다. 또한 턱 부분의 집을 뜻하는 지각(地閣)부분이 넓게 벌어져 있어 넓고 큰 집에서 살게 되는 것이다.

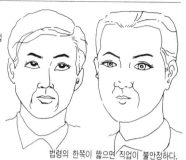

법령의 끝이 둘로 갈라진 사람은 직업 변동이 많고 의지가 박약하다.

법령의 한쪽이 짧으면 직업이 불안정하다.

◪ 좁고 짧은 법령

법령이 짧은 사람은 스케일이 작은 사람으로 수명도 짧다. 또한 매사에 막힘이 많고 살고 있는 집도 작고 초라하다.

간혹 이 법칙에 어긋나는 경우도 있다. 즉 법령의 폭이 좁거나 길이가 짧으면서도 넓은 집을 가지고 있는 경우와 높은 지위에 오른 경우를 말한다. 그런 사람은 누가 뭐라해도 매우 인색하다. 또한 넓은 저택을 가지고 있으면서도 세를 내주었기 때문에 자신이 쓰는 공간은 극히 작다.

◪ 한쪽이 짧은 법령

법령의 한쪽은 길고 한쪽이 짧은 사람은 집중력과 의지력이 부족한 성격의 소유자이다. 그렇기 때문에 하는 일에 대해서 미미한 성과밖에 올리지 못한다. 일에 대한 애정도 부족하여 직업을 자주 바꾸기 때문에 늘 불안정하다.

◪ 끝이 둘로 갈라져 있는 법령

법령선의 끝이 둘로 갈라져 있는 사람도 직업을 자주 바꾼다. 이런 사람 중에는 여러 가지 재능을 가진 사람이 많아 동시에 두 가지 직업을 갖는 경우도 있다. 그러나 정에 약하고 의지가 박약하여 실패할 가능성이 많으며 재물운도 좋지 않다.

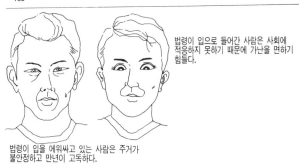

법령이 입으로 들어간 사람은 사회에 적응하지 못하기 때문에 가난을 면하기 힘들다.

법령이 입을 에워싸고 있는 사람은 주거가 불안정하고 만년이 고독하다.

여성은 재혼할 상이다.

◆ 입을 에워싼 법령

법령이 입을 에워싸듯 안쪽으로 흐르는 사람은 소심한 성격의 소유자이다. 모든 일에 우유부단하고 결단력이 없어 환경에 따라 흔들리기를 잘한다. 또한 남녀를 불문하고 만년에 부부가 이별을 하거나 고독하며, 주거가 불안정하다.

◆ 입으로 들어간 법령

법령선이 입으로 들어간 사람은 의지력이 약하고, 사회에서 활동하는 능력이 매우 뒤떨어진 사람으로 이런 경우는 가난을 면하지 못한다.

인상학을 다룬 옛날 책에는 이런 상을 '반드시 굶어 죽을 상'이라고 적고 있다. 그것은 입이 직업을 먹어 버린다는 이치에서 나온 말이지만 현대에서는 적합하지 않는 것 같다.

이런 사람은 사회에 적응하는 능력이 부족하고 경쟁력이 약하기 때문에 항상 자신의 장래에 대한 걱정으로 인하여 늘 울상이 많다.

턱이 빈약한 사람은 만년이 불행하다.

◑ 이 밖의 법령에 관한 성격과 운세 분석 5 가지

① 법령의 전체가 반듯해도 선의 끝에 힘이 없고 아래로 향
   해 있으면 차츰 운세가 약해진다.
② 입으로 접해서 하강하는 법령을 가진 사람은 초혼이 오래
   지속되지 못한다.
③ 법령에 흉터나 점이 있는 사람은 의지력이 부족하고 직업
   에 불만이 많다.
④ 법령의 폭이 넓고 끝이 볼 부분으로 흐르는 사람은 크게
   성공한다.
⑤ 법령이 선명하고 턱 부분까지 길게 늘어진 사람은 최소한
   백수(白壽)를 산다.

하정의 운세 분석 · 턱

턱은 그 사람의 의지력과 인내력을 표시하는 동시에 물질에
대한 여유, 만년운까지 나타내는 부위이다. 때문에 턱 일대의
하관이 쪽 빨았다든가 혹은 작고 쓸쓸해 보이는 사람은 의지력
이 부족하고 마음에 여유가 없으며 만년이 불행하다. 이와는
정반대로 턱에 살이 두툼하고 윤택한 사람은 아무리 초년, 중
년에 고생을 했을지라도 말년에는 남부럽지 않은 행복한 여생

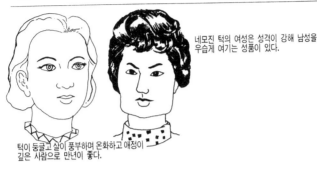

네모진 턱의 여성은 성격이 강해 남성을
우습게 여기는 성품이 있다.

턱이 둥글고 살이 풍부하며 온화하고 애정이
깊은 사람으로 만년이 좋다.

을 보낼 수 있다.

◪ 둥글고 탄력이 있는 턱

턱이 둥글며 살이 풍부한 사람은 온화하고 침착하며 애정이 깊은 사람이다. 매사에 남의 처지를 잘 헤아려 처세를 하기 때문에 만년에는 주위 사람들에게 각별한 대우를 받는다. 생각이 깊고 정이 많기 때문에 연애나 부부관계에서도 좋은 상대를 만나며, 특히 가족들을 끔찍이 사랑한다.

실로 복 있는 턱이라 할 수 있다.

◪ 네모진 턱

턱이 네모진 사람은 성격이 완고하며 남에게 지는 것과 명령 받는 것을 싫어한다. 그러나 실행력과 의지력은 대단하다.

저돌적인 성향을 가진 외고집이기 때문에 때로는 남에게 원망과 미움을 사는 일이 많다. 여성은 남성적인 성격이 강해 남자를 우습게 여기는 성품이 있다.

◪ 뾰족한 턱

턱이 뾰족한 타입은 남성에게는 드물고 여성에게 많은 형인데 신경질적인 성격의 소유자다. 턱에 살이 붙어 있지 않은 경우는 주거가 불안하며 마음에 여유가 없다. 남녀 모두 허영심

턱이 튀어나온 사람은 자만심이 강하다.

이 강하다. 화려한 것과 고상한 것을 좋아하기 때문에 수입이 있어도 들어온 즉시 낭비하는 경향이 있다.

특히 여성의 경우 자잘한 가정살림을 싫어하기 때문에 가정 불화가 잦다.

◪ 튀어나온 턱

턱이 앞으로 튀어나온 사람은 자만심이 많은 사람이다. 능력은 있지만 그것을 과시하려는 성품 때문에 주위 사람에게 미움을 받기도 한다.

자신의 능력을 자산으로 하여 지위나 부(富)를 얻게 되면, 그것으로 타인을 지배하려는 성향이 강하다.

또한 이런 턱이면서도 주걱 모양으로 길고 끝이 밖으로 휘어져 나온 '주걱턱'의 사람은 장수한다.

◪ 후퇴한 턱

턱이 뒤로 후퇴한 것은 두 가지 타입이 있다. 하나는 턱이 목과 붙어 있는 형이고, 다른 하나는 턱이 있는 형이다.

그림과 같이 턱이 있으면서도 후퇴한 사람은 감정이 민감하고 취미가 다양한 사람이다. 조금만 슬프거나 기뻐도 눈물과 웃음이 헤프다. 경솔한 면이 있어 비밀을 지키지 못하고 만년이 쓸쓸하다.

턱이 목에 붙다시피 하여 턱이 없는 사람은 의지가 박약하여 자포자기를 잘한다. 또한 이기주의적인 성향이 강해 남에 대한 애정은 철저히 결여되어 있다. 자녀운과 아랫사람의 도움을 받지 못하기 때문에 만년이 쓸쓸하다.

◘ 울퉁불퉁한 턱

턱의 살갗속에 마치 복숭아씨가 들어 있는 것처럼 울퉁불퉁한 것은 중년 이후에 나타나는 현상이다. 이러한 턱의 사람은 완벽주의자적인 성격을 가지고 있다. 매사에 빈틈이 보이는 것을 보아 넘기지 못할 정도로 고지식하며 유머감각은 철저히 배제되어 있다. 적극적으로 노력하며 근면·성실하게 인생을 살아가는 사람이지만, 지나치게 원리원칙을 따지는 성격으로 인해 협조성과 사교성이 부족하다. 부부운도 원만치 못하다.

◘ 작은 턱

턱이 작은 사람은 자기 중심적인 성격의 소유자로 의지력이 약하다. 이런 사람은 대체적으로 타인에게 애정을 갖지 못하고, 이기적이며, 자기 욕심만을 차리려고 하기 때문에 타인으로부터 도움과 대우를 받지 못한다.

두겹 턱은 중년 이후에 평안한 여생을
보낸다.

턱의 끝이 갈라져 움푹 들어간 사람은
정열적이고 적극적인 성격의 소유자다.

　무릇 세상의 이치는 줌으로써 받을 수 있으며, 받으면 주어
야 하는 것이 인간의 도리이다. 그런데 남의 도움을 받기만 하
고 주려고는 하지 않는 이기심 때문에 중년 이후부터 인정을
잃어 만년이 초라해지는 것이다.

　이런 사람은 부단히 음덕을 쌓아야 한다. 그러면 놀랍게도
턱이 길어지고 살도 붙게 된다.

◆ 두겹 턱

　턱의 살이 통통하고 두겹으로 되어 있는 사람은 첫인상이 복
스럽고도 관대하게 보인다. 실제로도 그런 사람의 성격은 마음
이 넓고 여유가 있어 사소한 일에는 좀처럼 구애를 받지 않는
타입이다.

　이런 사람은 금전운이 좋고 주위에 좋은 친구와 협조자들이
많아 중년 이후에는 평안한 여생을 보낸다. 자손운이 좋은 대
표적인 상이다.

◆ 끝이 움푹 들어가 갈라진 턱

　턱의 끝 부위가 움푹 들어가 갈라진 사람은 정열적이고 적극
적인 성격의 소유자이다. 한 가지 목표를 정하면 그 목표를 향
해 전력투구하여 기필코 도달해야만이 직성이 풀리는 사람이므

로 일의 뒷처리가 깔끔하다.

예술가나 예능인 중에 이런 턱의 사람이 많다.

▣ 이 밖의 턱에 나타난 성격과 운세 분석 5 가지

① 턱이 빈약한 사람은 중년 이후부터 갑자기 늙어지며 운세
  가 쇠퇴한다.

② 턱의 뼈가 깎여 있고 살이 메말라 있는 사람은 능력 있는
  아랫사람이 오래 머물지 않고 떠나게 된다.

③ 턱뼈와 광대뼈가 균형 있게 살이 붙어 있는 상은 귀상(貴
  相)이다.

④ 턱이 송곳처럼 뾰족하거나 한쪽으로 틀어진 여성은 남성
  을 망친다.

⑤ 턱에 살이 가득하고 넓은 사람은 장수하며 만년이 좋다.

중정의 운세 분석 · 귀

필자는 처음 만난 사람과의 술자리에서는 곧잘
이런 말을 하곤 한다.

"사람들이 술을 마시고 나서 보편적으로 '카아'
하고 소리를 내는데, 왜 그러는지 아십니까?"

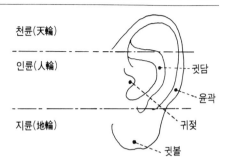

필자의 이 말에 고개를 갸웃하는 사람이 있고 또 나름대로의 의견을 말하는 사람도 있다.

"독한 술이 들어가니 목구멍이 놀라서 지르는 소리가 아닌가!"

"습관적으로 토해내는 감탄사와 같은 게지."

등의 말을 한다. 모든 말에 일리가 있을 것이다. 그러나 필자가 준비한 답은 상식이 아니라 유머이다.

"사람의 얼굴에는 구멍이 일곱 개 있는데, 눈구멍 둘은 찰찰 넘치는 술잔을 봄으로써 기분이 좋아집니다. 콧구멍 둘은 냄새를 맡고, 입은 마시기 때문에 기분을 냅니다. 그런데 왜 같은 얼굴에 붙어 있는 귓구멍만은 소외를 시킵니까. 불공평하잖아요. 그래서 귓구멍도 함께 기분을 내라고 '카아' 소리를 내는 것입니다."

유머가 있는 술자리는 더욱 유쾌하다. 간단한 유머로 한바탕 웃음을 터트리고 나면 좌중의 사람들은 한결 친밀감을 느끼는 것이다.

귀에 대한 이야기를 시작하려고 보니 술자리에서 소외(?)되는 귀가 생각나서 이 이야기를 적어봤다.

귀는 그 사람의 선조나 부모로부터 받은 유전적인 특성을 가

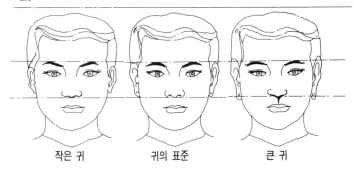

작은 귀 　　　　 귀의 표준 　　　　 큰 귀

장 잘 나타내고 있다. 그렇기 때문에 인상학에서는 귀는 그 사
람의 지혜를 나타내고, 인체 생리학에서는 신장(腎臟)활동의
강약을 나타내는 기관이다. 또한 모든 일을 듣는 곳이라 하여
채청관(採聽官)이라 한다.

　귀의 바른 위치와 표준 크기는 그림처럼 중정에 들어가 있어
야 한다. 여기에서 넘치면 큰 귀, 부족하면 작은 귀로 판단하
게 되는 것이다.

　인상학에서는 귀를 3등분하여 상부·중부·하부로 나눈다.

　상부를 '천륜(天輪)'이라 한다. 이 부분은 아버지를 뜻하며
또 아버지의 영향을 받는 부분인데, 지혜를 비롯하여 명예욕
등을 본다.

　중부를 '인륜(人輪)'이라 한다. 이 부분은 자기 자신을 뜻하
는 곳으로써 의지력과 실행력, 그리고 권력이나 지위에 대한
욕망 등을 본다.

　하부를 '지륜(地輪)'이라 한다. 이 부분은 어머니를 뜻하며,
또 어머니의 영향을 받는 부분으로 애정적인 면과 재물운 등을
본다.

　이상을 기준으로 하여 다음을 보면 귀에 대한 성격과 운세를
알 수 있다.

◘ 큰 귀

화가나 작가가 훌륭한 인격자를 그리거나 묘사할 때 귀를 후덕하게 표현한다. 공자와 석가 그리고 삼국지에 나오는 유비의 귀가 대표적인 예로 어깨까지 늘어져 있는 수견귀(垂肩耳)이다. 그들은 도량이 넓고 인품이 좋다는 것을 누구나 알고 있다.

이처럼 귀가 큰 사람은 마음이 너그럽고 생각이 깊다. 또 귀의 상부인 천륜 부분이 눈썹보다 위로 뻗친 사람은 대단히 머리가 좋고 재능도 있다. 이런 사람은 운세가 강하여 반드시 자기 사업으로 성공하는 상으로 재운이 좋고 장수하는 상이다.

그러나 살집이 엷고 빛깔이 곱지 않은 경우는 재능은 있으나 건강에 이상이 있기 때문에 그다지 좋은 상이라 할 수 없다.

◘ 작은 귀

귀가 작은 사람은 의지가 약하기 때문에 이상이 작고, 작은 일에도 쉽게 동요하는 소심한 성격의 소유자이다. 마음이 성급하고 변하기 쉬우며 비밀을 지키지 못한다. 특히 귀가 작으면서도 양쪽으로 벌어진 사람은 경계심이 매우 강한 사람으로 사람을 좀처럼 믿지 않는다. 그래서 의처증이나 의부증 등의 정신질환을 앓기 쉽다.

그러나 작더라도 모양이 시원시원한 사람은 지혜가 있다. 또한 단단한 사람은 노력에 따른 성공을 할 수가 있다. 왜냐 하면 귀는 신장 활동의 표현이기 때문이다. 귀가 단단하다는 것은 신장의 활동이 강한 것을 의미하기 때문에 그 사람은 체질적으로 건강한 것이다. 건강한 몸을 가지고 열심히 일하면 운이 따른다는 것은 당연한 일이다.

�‹› 천륜이 발달한 귀

귀의 윗부분이 잘 발달해 있고 살집과 빛깔이 좋은 사람은 지능이 높고 재능이 특출하다. 창조적인 일을 하여 명예와 재운을 일으키는 사람으로 풍류를 즐기는 경향이 강하다.

이 부분의 살집이 얇고 뾰족한 사람은 성격적으로 문제가 있다. 신경질적이고 자제력이 부족하기 때문에 능력은 있어도 인정을 받지 못한다.

◹› 인륜이 발달한 귀

귀의 중간 부분이 발달한 사람은 의지력과 실행력이 있는 사람이다. 이 부분이 많이 나와 있는 사람은 스스로 집을 나와 부모와는 함께 살지 않는다. 부모가 재산을 가지고 있어도 자신의 몫은 적다. 그래서 인상학에서는 '아우의 상'이라 한다.

◪ 지륜이 발달한 귀

귀의 아랫부분이 발달된 귀를 흔히 복귀[福耳]라 한다. 지륜은 어머니의 영향을 받아 자애로움을 나타내는데, 이 부분이 발달한 사람은 자상하고 정이 많다. 또한 재복과 인복을 타고 났기 때문에 만년에는 반드시 여유로운 생활을 한다.

대표적인 복귀는 수견귀[垂肩耳], 점뇌귀[粘腦耳], 기자귀[棋子耳] 등이다. 복귀의 특징은 귓볼이 대체적으로 크고 둥글며 살이 많이 붙어 있는 것이다.

귓볼이 작거나 없는 귀는 복귀와는 반대로 재운이 약하다. 목귀[木耳], 화귀[火耳], 돼지귀[猪耳] 등이 그것인데, 지륜이 매우 빈약한 것이 특징이다.

◪ 〈상서〉에서 간추린 귀 판별법

① 귀의 희기가 얼굴보다 더 흰 사람은 천하에 이름을 떨친다.

② 귀의 색이 검게 그을은 듯하면 조상의 업을 깨뜨리고 가산을 탕진한다.

③ 귀에 평소에는 없던 사마귀가 생기면 머지않아 화를 당하게 된다.

④ 눈썹보다 한 치 가량 높아 보이고 귓바퀴가 뾰족한 귀를

금이(金耳)라고 하는데, 희기가 얼굴색보다 더 희면서 길
게 뻗어 내려가 있으면 부귀를 누린다.

⑤ 귓바퀴가 들쑥날쑥하게 생긴 목이(目耳)의 사람은 육친과
정이 없고 재물운이 없다.

⑥ 당나귀 귀처럼 쫑긋한 귀의 사람은 타고난 복이 없어 타
관객지로만 떠돈다.

⑦ 귀에 뼈가 있는 사람은 명이 짧다.

⑧ 귓바퀴는 둥글지만 속귀가 드러나 보이면서 뒷편으로 재
껴진 귀를 화이(火耳)라고 하는데, 항상 바쁘기만 할뿐
재물운이 없고 파란이 많다.

⑨ 귀의 두께가 종이처럼 얇으면 요사를 면하기 어렵다.

⑩ 귀가 흡사 도망치듯 위로 붙은 듯한 생쥐의 귀를 가진 사
람은 가난하기가 이를 데 없다.

◘ 이 밖의 귀에 나타난 성격과 운세 판단 10 가지

① 귀의 살집이 두텁고 색깔이 좋으면 뼈대 있는 가문에서
태어난 사람이다.

② 귀가 크고 좋은 모양을 하고 있어도 살집이 빈약하고 색
깔이 나쁘면 건강에 이상이 있고 운세도 나쁘다.

③ 양쪽 귀의 크기나 모양이 다르면 재물운이 없다.

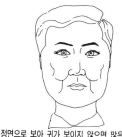

정면으로 보아 귀가 보이지 않으면 많은
사람을 거느리는 리더의 상이다.

④ 귀가 정면에서 보이지 않는 사람은 대인의 풍모와 기질을
   갖추고 있다. 많은 사람을 거느리는 리더의 상이다.

⑤ 귀 전체가 보드랍고 낮은 위치에 붙은 사람은 지능이 떨
   어지고 끈기가 부족하다.

⑥ 귓볼이 빈약한 사람은 재능은 있으나 감정의 변화가 심한
   편이다.

⑦ 귀의 색깔이 붉으면 다혈질이므로 남과 다툼을 잘한다.

⑧ 귀의 색깔이 검붉으면 신장에 이상이 있다.

⑨ 극단적으로 귀가 작은 사람은 별난 짓을 잘한다.

⑩ 귀 뒤의 뼈인 수골(壽骨)이 길면 장수한다.

사람을 알아본다는 것

한때 공자는 진(陣)나라와 채(蔡)나라 사이에서 매우 곤궁한 생활을 했다. 그 당시 공자는 7일 동안이나 음식을 먹지 못하고 굶주렸다. 스승이 굶주리자 안회(顔回)라는 제자는 매일 양식을 구하러 다녔다.

이레째 되던 날 안회는 마침내 양식을 구했다. 스승에게 밥을 지어 올린다는 생각에 기쁜 마음으로 밥을 짓고 있는데, 달그락거리는 소리를 들은 공자가 문틈으로 부엌을 내다보았다. 거의 밥이 다 되었을 무렵에 안회는 솥을 열고 덥썩 밥 한 술을 떠먹었다. 그것을 본 공자는 안회를 마음속으로 무척 괘씸하게 생각했다.

얼마 후 안회가 밥상을 들여왔다. 이때 공자가 말했다.

"방금 잠깐 오수에 취했다가 꿈속에서 나의 아버님을 만

났다. 모처럼 만에 대하는 쌀밥이니 먼저 아버님께 드려야
겠다."

이 말을 들은 안회는 깜짝 놀라며 황급히 말했다.

"안 됩니다. 스승님, 방금 전에 솥을 열어보니 쌀밥에 수수
가 들어 있었습니다. 스승님께 쌀밥을 대접하고 싶은데, 그
렇다고 수수도 먹는 음식이라 버릴 수는 없고 해서 제가 집어
먹었습니다. 제가 먼저 입을 댄 음식을 영전에 올릴 수는 없는
일입니다. 용서하여 주십시오."

그 말에 공자는 탄식하며 말했다.

"눈은 믿을 수 있는 것이지만, 때로는 눈도 믿을 것이 못되
는구나. 이와 마찬가지로 마음은 의지할 수 있는 것이지만, 때
로는 의지할 것이 못된다. 사람을 알아본다는 것처럼 어려운
일은 없구나."

행복한 결혼생활을 위하여

제7장

행복한 결혼생활을 위하여

행복한 결혼을 위하여

이런 우스갯소리가 있다.

고등학교 동창생인 중년 사나이 둘이 거리에서 우연히 만났다. 학창시절 단짝처럼 지냈던 친구를 정말 오랜만에 만났기 때문에 서로 껴안 듯 손을 잡아 끌며 안부를 물었다.

"어야, 이게 누군가! 덕팔이 아닌가?"

"자넨 영필이, 영필이 맞지?"

"그래 맞네, 이 사람아."

"죽지 않고 살아 있으니까 만나네 그려."

"그건 그렇고……, 자네 마누라는 죽었는가?"

그 말에 다른 친구는 한숨을 쉬며 침통한 목소리로 이렇게

그 누구라도 이혼하기 위해 결혼한 사람은 없다.

말하는 것이었다.

"내 복에 벌써 마누라가 죽겠는가. 아직도 쌩쌩해."

우스갯소리니까 그렇지, 사실이라면 끔찍하다. 백년 해로하기로 약속하고 결혼했을 터인데, 부인이 죽기를 바라고 있다니 될법이나 한 말인가.

그러나 세상에는 그런 사고를 가지고 살아가는 사람이 수도 없이 많다. 아이들 때문에, 또는 그렇고 그런 사정 때문에, 하루에도 열두 번씩 갈라서고 싶은 마음을 달래며 어쩔 수 없이 사는 부부들이 많은 것이다.

너무도 당연한 소리지만 결혼이란 인간에게 매우 중요한 의식이다. 가장 잘 선택해야 할 인간관계이다. 친구를 비롯하여 다른 인간관계에서는 싫어지면 만나지 않으면 그만이지만 결혼은 그렇지 않다. 한번 깨지면 남녀 모두에게 유리그릇처럼 홈집을 남긴다. 두 조각으로 갈라진 유리그릇은 아무리 잘 맞춘다고 해도 홈집마저 없앨 수는 없는 것이다.

그 누구라도 이혼하기 위해 결혼한 사람은 없다. 처음에는 천생배필로 생각했기에, 서로가 서로에게 끌려서 결혼으로 이르렀던 것이다.

그런데 왜, 씻을 수 없는 마음의 상처를 남기며 헤어져야 하는가. 한 마디로 궁합(성격)이 맞지 않기 때문이다.

그래서 예로부터 궁합을 중요시했다. 궁합(宮合)이란 사주(四柱)를 오행(五行)에 맞추어 보아서 길흉을 점치는 방술(方術)이다.

궁합법에 따르면 화합(和合)하는 띠가 있고 불화(不和)하는 띠가 있다. 또한 남녀불혼살(男女不婚殺)이라 하여 미워하는 띠가 있는데, 쥐와 양[子未], 소와 말[丑午], 호랑이와 닭[寅酉], 토끼와 원숭이[卯申], 용과 돼지[辰亥], 뱀과 개[巳戌] 등이 그것이다. 이러한 것은 지지(地支)의 동물들이 서로 화목하지 못하기 때문이다.

이것을 설명하면 다음과 같다.

- 쥐와 양 : 쥐는 양의 머리에 뿔 달린 것이 싫다고 하여 미워한다.
- 소와 말 : 소는 말이 일도하지 않고 먹고 놀기만 한다 하여 미워한다.
- 호랑이와 닭 : 호랑이는 닭의 부리가 뾰족하게 생긴 것이 싫다고 미워한다.
- 토끼와 원숭이 : 토끼는 자기가 받아야 할 귀염을 원숭이가 독차지 한다 하여 미워한다.

결혼. 어떤 나침반도 일찌기 항로를
발견한 적이 없는 거친 바다.
　-하이네-

• 용과 돼지 : 용은 돼지의 얼굴이 검고 못생긴 것이 싫다 하
　　　　　　여 미워한다.
• 뱀과 개 : 뱀은 개 짖는 소리가 시끄럽다고 미워한다.
　이상을 '원진살(怨嗔殺)'이라 하여 혼인을 금지하고 있는데,
혼인을 하게 되면 부부 불합, 파산, 이별 등의 고통이 따르게
되므로 피하는 것이 좋다.
　또 '귀문관살(鬼門關殺)'이라 하여 쥐와 말 [子午], 소와 양[丑
未], 호랑이와 원숭이[寅申], 토끼와 닭[卯酉], 용과 개[辰戌], 뱀
과 돼지[巳亥]의 만남도 피하고 있다.
　'과학 지상 제일주의'를 표방하는 젊은이들과 일부 종교인들
은 궁합을 비롯한 동양철학을 미신이라 하여 배척하기를 서슴
지 않는다. 그런데 그런 사람일수록 만남과 헤어짐이 잦다는
데에 문제가 있다.
　부부생활은 서로 성격이 잘 맞아야 행복하다. 그 누구라도
연애를 할 때는, 서로 상대편에게 잘 보이려고 최상의 에티켓
을 지키게 된다. 어지간한 일은 불만스러워도 잘 참는다.
　맞선을 보는 경우에도 서로 잘 보이려고 마음의 준비를 하는
것이 인지상정이다. 아무리 천성이 나쁜 사람일지라도 맞선 보
는 동안은 교묘한 말투와 꾸며진 행동으로 자신을 썩 훌륭하게
위장할 수 있다.

위선자가 도덕군자가 되기도 한다. 또한 겁쟁이가 용기 있는 사람으로 변할 수 있다. 그리고 가난뱅이가 큰 재산가로 둔갑할 수도 있다.

인간은 변화무쌍하다. 자신이 처한 환경에 따라서 심리적 가면을 바꿔 쓰는 속성을 지닌 동물이다.

특히 미혼의 남녀가 만나 사랑에 빠지게 되면 맹목적이 되기 쉽다. 이미 서로 마음의 끌림이 있어 만났기 때문에, 결점을 발견할 수 있는 눈은 멀어 버리는 것과 다름없기 때문이다.

주변의 다른 사람은 모두 파악하는 단점도 당사자는 모른다. 설령 알고 있다 하더라도 크게 문제로 삼지 않으려는 심리가 작용하기 때문에 애써 부정하기를 잘 한다.

그들이 즐겨 입에 담는 '사랑은 모든 것을 포용한다'라는 말. 참으로 말이야 백번 지당한 말이다. 그러나 인격이 성숙되기 전에 피상적으로 느낀 사랑의 감정이, 삶의 괴롭고 슬픈 온갖 문제들을 포용할 수 있을까.

결혼은 연애할 때 느끼는 것처럼 화려한 장미꽃으로 둘러쌓인 궁궐만은 아니다. 그 속으로 들어가 보면 갈등의 소지가 곳곳에 도사리고 있다. 자칫하면 나락으로 추락할 수 있는 절벽이 있고, 파멸로 이끄는 수렁이 있다.

 결혼생활은 남녀가 발가벗고 만나는 것이다.

연애할 때 관대하던 사람, 예절이 바른 사람이 결혼 후에도 반드시 그러리라고 생각한다면, 큰 오산일 수도 있다. 연애할 때 큰 실수도 눈감아 주던 사람이 결혼생활에서는 사소한 실수에도 트집을 잡는다. 연애할 때 사랑을 말하던 그 입술에서 쌍소리가 막 터져 나온다.

결론은 '실망'이다. 실망은 다툼을 부르고 분열을 낳는다.

결혼은 남녀가 발가벗고 만나는 것이다. 육체적으로 정신적으로, 모든 면에서 발가벗을 수밖에 없다. 때문에 연애할 때 미처 보지 못했던 결점들이 속속 드러나게 된다.

그래서 누군가가 결혼한 사람들에 대해서 이렇게 심드렁하게 내려 깎았다.

"열 명 중 한 명 꼴의 사람만이 자신의 남편이나 부인을 결혼하기 전과 같다고 인정하며, 열 명 중 아홉 명 꼴은 변했다고 말한다. 또한 세 명 중 한 명 꼴은 더 나빠졌다고 말한다."

이 말이 뜻하는 것은 무엇인가. 단도 직입적으로 말하자면, '연애할 때의 눈으로는 상대방의 인간성의 전부를 절대 파악할 수 없다'이다.

개개인의 성격에 따라 다소의 차이는 있으나 대체적으로 성생활(sex)을 하면서부터 — 연애시나 약혼 후의 섹스는 조심성의 가면을 쓴 상태 — 본

성격이 서로 잘 맞는 부부는 서로 자기의 단점을 반성하고 개선해 나아가며 상대와 호흡을 맞추려고 노력한다.

색을 드러내게 된다. 그 기간을 빠르면 1주일 이내, 늦으면 3년 이내에 적나라하게 드러난다.

성격이 서로 잘 맞는 부부는 서로 자기의 단점을 반성하고 개선해 나아가며 상대와 호흡을 맞추려고 부단히 노력한다. 반면에 성격이 잘 맞지 않는 부부는 항상 서로의 단점만 지적하게 된다. 이 때의 보편적인 심리는, 자기는 잘못하는 것이 하나도 없는데 상대방이 잘못하고 있다고 생각하는 것이다.

서로 좋은 점은 조금도 생각하지 않고 나쁜 점만 들추어 말하는데, 배우자에게 비난을 받고 기분이 좋을 사람은 이 세상엔 아무도 없다.

자기의 단점에 대한 반성은 하지 않으면서 상대방만 탓하는 부부간에는 결코 화목을 기대할 수는 없는 것이다.

세상에는 분명히 천성이 나쁜 사람들이 존재한다. 천하에 둘도 없으리만큼 악질적인 성격의 사람이 도처에 깔려 있다.

천성이 저질적인 사람을 만나 피해를 당했다면, 당한 사람의 불찰이 더 크다고 할 수밖에 없다. 그것은 지구상을 살다간 수많은 현자(賢者)들이 사람을 보는 법을 말했지만 귀담아 듣지 않았기 때문이다.

우리 속담에 '소 잃고 외양간 고친다'는 말이 있다. 평소에 대비하지 않고 있다가 일을 당하고 나서야 이에 대한 대비를 하니 너무 늦었다는 말이다.

같은 뜻의 속담으로 '도둑 맞고 빈지 고친다', '도둑 맞고 사립(문) 고친다'가 있고 '수레 위에서 이를 간다'는 말이 있다. 때는 이미 늦었는데 원망한들 무슨 소용이냐는 말이다.

사람은 대개 후회할 때 비로소 깨닫기를 잘 한다. 그러나 그 때는 이미 모래밭에 엎어진 떡시루이고, 버스 떠난 후에 손 흔들기이다.

버스가 떠나기 전에, 떡시루가 엎어지기 전에 미리미리 인생을 최고로 사는 지혜를 배우라.

바로 이 책에 각자가 찾는, 성격이 맞는 배우자 고르기의 비법이 수록되어 있다.

체질형에 따라 결혼 상대를 골라야 한다.

 우주의 모든 삼라계(森羅界)는 음양(陰陽)으로 되어 있고, 이들은 또 서로의 배합 관계를 이루고 있다. 이것이 음양오행설(陰陽五行設)의 기조이다.

음양은 서로 적절히 조화되어야 한다. 만약 음과 양의 배합이 되지 않고 양과 양, 음과 음의 배합이라면 자연계는 이미 존재하지 못했다. 이 말은 똑같은 성질의 것이 둘이 합하면 조화

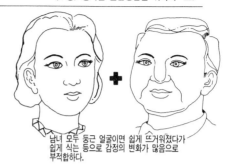

남녀 모두 둥근 얼굴이면 쉽게 뜨거워졌다가 쉽게 식는 등으로 감정의 변화가 많음으로 부적합하다.

가 썩 잘 될 것 같아도 그것은 절대로 되지 않는다는 말이다.

인간의 관계에서도 이 법칙은 어김없이 적용된다. 혼인을 할 때에 서로 같은 체질형은 피하는 것이 좋다. 같은 체질형의 사람은 성격상으로 비슷한 장점과 단점들을 가지고 있다. 때문에 처음에는 의기가 투합되어 만나게 되지만 얼마 지나지 않아서 애정이 급속도로 식게 된다.

손뼉도 마주쳐야 소리가 나는 법이다. 같은 성격의 부부가 극도로 흥분했을 때는 격렬한 싸움을 피할 수 없다. 어느 한쪽이 본성을 버린다는 것은 극히 힘들기 때문이다.

남편이 화가나서 집안 살림살이를 부수고 있다고 가정해 보자. 같은 성격인 부인도 화를 내며 덩달아 부순다면 결과는 어떻겠는가. '콩가루 집안'일 수밖에 없다.

조화는 두 개의 장점과 단점이 서로 보충하고 보완해서 하나의 아름다움을 나타내는 것을 말한다. 그러므로 남녀의 관계도 서로의 단점을 보충해 주는 관계가 바람직하다. 이것은 마치 자석이 같은 극을 밀어내고 다른 극을 끌어 안는 원리와도 같은 것이다.

◑ 둥근 얼굴+둥근 얼굴

혹자는 남녀 모두 둥근형의 얼굴이면 가장 이상적인 결합이

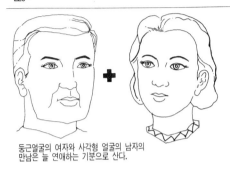

둥근얼굴의 여자와 사각형 얼굴의 남자의
만남은 늘 연애하는 기분으로 산다.

라고 말하기도 한다. 물론 근거가 없는 말은 아니다. 영양형의
사람은 이해심이 많고 포용적이어서 서로 존중하기 때문에 사
소한 다툼이 없는 것이 특징이다. 그러나 쉽게 뜨거워졌다가
쉽게 식는 등으로 감정의 변화가 많고 정에 따라 움직이는 연
유로 인하여 실패가 많다.

◆ 둥근 얼굴+사각형 얼굴

둥근 얼굴의 여자와 사각형 얼굴의 남자가 결혼하면 늘 연애
하는 기분으로 살게 된다. 이런 부부는, 남편은 근골형의 장점
을 십분 발휘하여 사회에서 정력적으로 일을 추진하여 크게 성
공을 하고 아내는 영양형의 장점으로 남편을 내조하게 된다.

남녀의 얼굴형이 바뀌어도 역시 좋다. 여자는 의지가 강해
선이 굵은 생활을 지향하고 남자는 그것을 원만하게 받아들
인다. 또한 둥근 얼굴의 남녀는 역삼각형 얼굴의 상대와는 서
로 조화를 이룰 수 있다.

◆ 사각형 얼굴+역삼각형 얼굴

남녀 모두 조화되는 성격이다. 서로 단점을 견제하고 장점을
부추기기 때문에 원만한 부부생활을 할 수 있다. 만약 사각형
의 얼굴을 가진 여성으로서 결혼 후에도 직장을 갖고 싶은 여

역삼각형 얼굴끼리의 만남은 서로 신경이
예민한 탓으로 다툼이 많다.

성은 역삼각형의 얼굴을 가진 남성을 고르는 것이 좋다. 이런
타입의 남성은 생활력이 약하고 일을 적극적으로 추진하는 성
격이 아니기 때문에 여성의 주장을 잘 따른다.

◘ 역삼각형 얼굴＋역삼각형 얼굴

　신경이 곤두서 있는 사람끼리의 만남으로 썩 좋지 않다. 같
은 유형끼리의 만남은 체형의 단점이 장점을 누르는 경향이 강
하다. 그렇기 때문에 이런 타입의 결합은 사소한 일로 다툼이
많고, 한번 다툰 후에 화해하는 기간이 길다. 지나친 경우는
몇 달이 지나도 화해하지 않는 부부도 있다.

　어쨌든 같은 유형의 만남은 좋지 않다.

만일 신이 여성으로 하여금 남성을 지배하게 하고 싶었다면, 신은
아담의 머리에서 그녀를 만들었을 것이다. 또 만약 신이 여성으로
하여금 남성의 노예가 되게 하려고 생각했다면, 아담의 발에서 여
성을 만들었을 것이다. 하지만 신은 남성의 옆구리에서 여성을 만
들었다.　─아우구스티누스─

수상(手相)과 결혼운

자신의 운명이 제아무리 좋더라도 배우자의 운명이 나쁘면 행복한 삶을 영위할 수는 없다. 교제 중인 상대방의 '손금'을 보고 자신의 결혼운을 보는 것도 중요하다.

필자가 단골로 삼고 점심을 먹는 신설동의 K식당이 있다. 그 식당에서만 10여 년을 넘도록 일했다는 종업원 아줌마가 있는 데, 음식솜씨가 좋아 단골손님이 많다.

필자가 그 식당을 이용하기 시작한 지 약 한 달이 지날 무렵 의 어느 날, 아주 한가한 시간에 늦은 점심을 먹게 되었다.

그녀는 한 달 동안이나 날마다 보는 얼굴이라 필자를 반갑게 맞이했고, 평소 보다는 더 신경을 써서 식사를 내왔다.

몇 마디의 말을 나누면서 그녀의 얼굴을 유심히 살펴보니 눈 주위의 상이 매우 좋지 않았다. 눈꼬리 부분에 눈에 보이는 상 처가 있었던 것이다. 인상학적으로 그런 경우는 반드시 남편과 사별하거나 이혼하게 된다.

필자는 그런 이야기를 함부로 할 수가 없어 손금을 보자고 했다. 역시 얼굴에 나타난 것과 같은 운명이 손금에도 확연히 드러나 있었다.

그녀의 손금은 좌측의 그림과 같았다. 결혼선으로부터 갈라

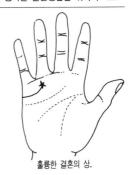
훌륭한 결혼의 상.

진 지선이 길게 밑으로 늘어져 감정선과 지능선을 가로지르고, 그것이 다시 생명선을 끊고 금성구로 들어가 있었다. 이것은 여러 가지 원인으로 인해 이혼을 하지 않으면 안될 운을 나타내고 있다.

손금을 확인한 필자는 조심스럽게 말했다.

"자식도 없이 혼자되셨군요?"

이 말에 그녀는 깜짝 놀라며 정색을 했다.

"아, 아니! 선생님께서 그걸 어떻게 아셨어요?"

"얼굴과 손에 나타나 있습니다."

그런 일이 있은 후, 필자는 얼마 동안이나 그 식당 종사자들에게 시달려야 했다. '쪽집개'로 소문이 나서 서로 상을 봐달라고 졸라댔기 때문이다.

수상에서 초보자가 결혼선을 보는 것은 대단히 어렵다. 그러나 다음의 사항을 눈여겨 보면 대강의 운세를 파악할 수 있다.

�‹ 훌륭한 결혼의 상

결혼선이 그림과 같이 약지쪽으로 올라가 있으면서 끝부분이 별 모양을 취하고 있는 상은 남녀 모두 훌륭한 배우자를 만나게 된다.

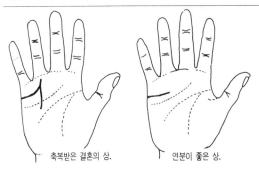

축복받은 결혼의 상.   연분이 좋은 상.

◘ 축복받은 결혼의 상

결혼선이 깊고 선명하게 나타나 있으며, 약지 중간에서 그 끝이 굽어들어 태양선에 들어가 있는 상은 좋은 연분을 얻어 행복한 가정을 이룰 수 있다.

◘ 연분이 좋은 상

결혼선이 좌우의 손에 수평으로 깊고 선명하게 나타나 있으면 좋은 연분의 사람을 만나 결혼한다.

◘ 바람끼가 많은 상

결혼선에 가늘고 짧은 선이 많은 사람은 이성관계가 매우 복잡하다. 남녀를 불문하고 결혼 후에도 쉴새 없이 추문을 뿌릴 상이다.

◘ 불행한 결혼의 상

결혼선의 끝이 두 갈래로 갈라져 있거나 여러 가지 원인으로 인해, 도중에 끊어져 있으면 별거를 뜻한다. 또한 결혼선의 도중이 타원형 모양을 하는 경우도 마찬가지이다. 성격이 맞지 않아 다툼이 잦다.

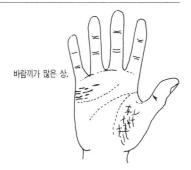

바람끼가 많은 상.

◪ 사별(死別)의 상

결혼선이 약지를 향해 솟아오른 상은 좋다. 그러나 아래로 향해 감정선을 잘라버리는 것은 매우 나쁘다. 이런 경우는 대개 부부의 이별을 나타내는데, 그것은 사별을 뜻한다.

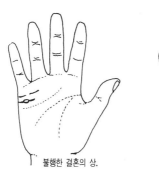

불행한 결혼의 상.

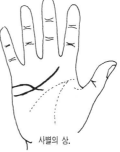

사별의 상.

남성은 남성다운 성격과 체격을 가지고 있어야 하고, 여성은 여성다운 부드러움과 친절함을 지니고 있어야 한다.

남성과 여성의 기본적인 특성

음양의 법칙에서 남자는 양(陽)이요 여자는 음(陰)이다. 음과 양의 구별이 엄연히 다르듯이 서로 신체적·성격적 기본특성이 있게 마련이다.

남성의 특성은, 이 세상의 살벌한 생존경쟁에서 이겨낼 수 있는 강인함이다. 그렇기 때문에 신체적으로는 손발이 크고 뼈와 혈관이 굵고 억세다. 성격적으로는 적극적이고 지배적이고 공격적이다.

고대 로마의 투사는 미인을 자신의 것으로 만들기 위하여, 라이벌을 차례차례 때려눕히지 않으면 안 되었다. 결국 최후의 승자만이 미인을 손에 넣을 수 있었다. 또 미인도 그러한 승자를 선호했다.

이 도식은 현대에도 분명히 이어져 있다. 현대에서의 남성의 힘이란 격투 능력이면서 지력(知力)이며, 또 거기서 생겨나는 경제력을 말한다.

그래서 좀더 자세히 분석하면, 현대에 사는 '출세할 수 있는 남성'의 필수조건은 행동력과 침착성의 균형이다. 남성 파워의 배후에는 이 균형이 잘 유지되어야 한다.

남성과는 반대로 여성의 신체는 상대적으로 약하게 구조되어 있다. 손발을 비롯하여 뼈와 혈관이 작고, 피부는 섬세하고 부드럽다. 그리고 성격적으로는 상냥하고 수동적이고, 또한 순종적이며 양육적이다.

모든 부분에서 양(陽)인 남성과 조화를 이루고 있다. 한쪽이 강하면 다른 한쪽이 약하고, 한쪽이 약하면 다른 한쪽은 강하게 구조되어 있기 때문에 음양의 조화가 맞는 것이다.

그런데 세상에는 신체적·성격적으로 여자 비슷한 남자가 있고, 반면에 남자 비슷한 여자가 있다. 그런 사람은 반드시 신체조건에서 어느 부분이든 이성(異姓)의 특성이 많이 가미된 사람임에 틀림없다.

남성의 체격이 여성적이면 성격적으로도 여성화된 경우가 많다. 여성의 체격이 남성적인 경우도 마찬가지인데, 이런 타입의 사람은 썩 좋다고 할 수는 없다.

어디까지나 남성은 남성다운 성격과 체격을 가지고 있어야 하고, 마땅히 여성은 여성다운 부드러움과 친절함을 지니고 있어야 한다.

그렇지 못할 때는 조화를 이루기 힘들며 불필요한 기(氣)가 세기 때문에 결혼운이 좋지 못하다.

흔히 요즘 여성들은 성격적으로 애써 남성을 닮아가려고 하고 있다. 아마 남성적 기질을 보이는 것이 현대 여성의 조건으

온갖 인지(人智) 중에서,
결혼에 관한 연구가 가장 뒤져 있다.
ㅡ발자크 : 프랑스의 작가ㅡ

로 생각하는 모양이다.

자기 주장이 강해졌고, 곁에서 자상한 마음으로 남성을 도와 주는 것을 천대시하는 경향이 많아졌다. 거친말도 예사로 쓴다. 남녀평등을 목청껏 부르짖으며 그들이 말하는 구습(舊習)을 박력있게(?) 타파해 나가고 있다. 교육 수준이 높아졌고 사회 참여가 많아졌기 때문이겠지만, 참으로 딱할 때가 많다.

차별 없이 대우를 받겠다는 사고는 필자도 적극 동조하고 있는 터이지만, 기본적인 특성마저 무시하고자 하는 태도는 가련하다 못해 역겹다.

인간 세상에서 남녀의 특성상 적합한 일ㅡ절대적인 것은 아니지만ㅡ이 따로 있다. 남성은 외부의 적으로부터 국가와 사회를 수호하고 보호하는 일을 비롯하여 건축을 하거나 무거운 짐을 나르는 등의 힘을 쓰는 일을 하는 것이 적합하다. 여성은 가사일을 비롯하여 자녀 양육, 정리정돈 등의 섬세한 손길을 필요로 하는 일에 적합하다.

여성이 총을 들고 전장에 나가 피흘리는 전투를 하고 있는데 남성은 가정에서 가사와 자녀 교육에 힘쓰고 있다. 남성은 차를 끓이고 있고 여성은 끙끙대며 무거운 짐을 나르고 있다. 상상만 해도 징그럽고 꼴사납기 그지 없다.

남녀의 관계는 서로 부족한 점을 보충해 주는 상호 보완의 관계이다. 성별 특성에 맞는 일을 하는 것은 철리(哲理)에 순응하는 일이다.

철리를 역행하고자 하는 사람은 불행하다. 여성이 제아무리 사회적으로 출세를 하였다 하더라도 여자의 본분을 저버렸을 때는 결코 행복한 인생을 보냈다고 할 수는 없다.

이런 여자는 남자를 망친다

먼저 결혼을 앞두고 있는 미혼 남성들에게 한 가지 질문을 하여 보겠다.

■ 결혼은 누구를 위하여 하는가?
① 자신의 행복을 위해서
② 상대방 여성의 행복을 위해서
③ 두 사람 모두의 행복을 위해서
④ 부모님의 행복을 위해서

필자가 많은 미혼 남성들에게 이 질문을 던졌을 때 대부분은 ③번을 택했다. 그런 다음 처음의 답을 무시하고 ①, ②번 중 하나를 고르라고 했는데, ①을 택한 경우가 압도적이었다.

으이구
지겨워

여성의 히스테리는 '자궁의 소란'이다.

솔직한 답변이었다. 결혼은 자기를 위해서 하는 것이지 상대방 여성을 위해서 하는 것이 아니다. 그러나 행복하기 위해 결혼을 했지만 불행해진 경우가 우리 주변만 둘러보더라도 얼마나 많은가.

한 번 잘못한 결혼은 일생까지도 망쳐놓게 된다. 때문에 결혼할 여성만은 성격과 건강 등 모든 것을 심사숙고하여 최후의 결론을 내려야 한다.

대다수의 남성들은 여성의 외모에 끌려 연정을 품게 된다. 눈이 예뻐서, 입술이 매력적이어서, 분위기가 신비스러워서 등 등 반하게 된 이유도 각양각색이다.

그러나 여성의 외모에 끌려 결혼을 하게 된 남성들의 대부분은 평생을 두고 후회하게 된다. 이들은 모두 여성들의 겉모습만 보았지 속에 숨겨진 악질적인 나쁜 성격을 보지 못했기 때문이다. 만약 결혼 후에 드러난 나쁜 성격을 결혼 전에 알았으면 수많은 남성들이 그 여성과 결혼하지 않았을 것이다.

그러나 악질적인 성격의 여자와 결혼했다 하더라도 모두 부정적인 면만 있는 것은 아니다.

소크라테스가 유명한 철인이 될 수 있었던 것이, 그의 악처 크산티페의 견딜 수 없는 히스테리 때문이었다는 에피소드가 있다. 또한 공자와 링컨, 톨스토이를 비롯한 수많은 위인들의

팔자눈썹에 눈꼬리마저 처진 여성은 대책
이 없을 정도로 남성을 좋아한다.

아내가 매우 악질적이었다고 한다.

　그들의 높은 학식, 어진 성품으로도 아내의 히스테리는 감당
키 어려웠던 모양이다. 주지하는 바와 같이 히스테리(Hysterie)
의 어원은 여자의 자궁이다. 한방 의학에서는 이것을 장조(臟
躁)라고 하는데, 역시 자궁을 가리킨다. 따라서 히스테리란
'자궁의 소란'인 것이다.

　아내의 히스테리를 감당할 길이 없어 그것을 극복하기 위한
한 가지 방편으로 일에 몰두했다는 이야기인데, 곰곰히 생각해
보면 일리가 있는 말이다.

　어느 방면에 크게 업적을 남기고 싶은 사람은 이 장의 내용
을 보지 않고 훌쩍 건너 뛰어도 좋다. 그러나 행복한 결혼 생활
을 꿈꾸는 미혼 남성들은 심장에 새기듯이 다음의 내용들을 숙
지하는 것이 좋다.

◪ 미혼 남성이 경계해야 할 여성의 38 가지 타입

　① 팔자형의 눈썹을 가진 여성은 초혼에 실패하기 쉽다. 이
　　　런 눈썹에 눈꼬리까지 아래(뺨 방향)로 처진 여성은 대책
　　　이 없을 정도로 남성을 좋아하고 유혹에 약하다. 초혼에
　　　실패한 '비련의 상'이지만 심성을 가다듬고 음덕을 쌓으
　　　면 재혼은 무난하다.

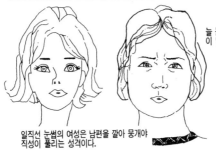

늘 눈썹을 찌푸리고 있는 여성은 불평불만 이 많다.

일직선 눈썹의 여성은 남편을 깔아 뭉개야 직성이 풀리는 성격이다.

② 눈썹이 너무 긴 여자도 아내감으로는 적당하지 못하다. 이런 타입은 늘 남편을 무시하고 친정 자랑을 일삼는다.

③ 순악질 여사처럼 일직선의 눈썹을 가진 여성은 성격이 억 세고 고집이 세서 남편을 깔아 뭉개야 직성이 풀리는 성 격이다. 남편뿐만 아니라 주변 사람들까지 억누르려는 성 격으로 인해 가정이 불화하고 파란이 많다.

④ 마치 독수리 날개처럼 '무장' 눈썹을 한 여성은 남성의 그늘 속에 살려고 하지 않는다. 자기 주장이 매우 강하기 때문에 남편이 하는 일에 사사건건 말 참견을 하며, 그것 이 통하지 않을 때는 폭력도 불사한다.

⑤ 웃을 때 눈썹을 울상으로 찡그리는 여성은 자석이 쇠를 끌어모으듯이 나쁜 운을 부르는 격이다. 그래서 자신의 운세뿐만이 아니라 남편의 운세까지 나쁘게 하므로 절대 적으로 피하는 것이 좋다.

⑥ 평소에 늘 눈썹의 뿌리를 모으는 듯이 찌푸리고 있는 여 성의 성격은 불평불만이 많다. 또한 신경성 질환을 앓고 있는 경우가 많으므로 2세에게 나쁜 영향을 끼친다. 남편 을 실패하게 하고 자기도 불행하게 되므로 부단히 수양을 쌓아야 한다.

⑦ 눈썹털이 꼿꼿이 서 있거나 중간이 끊어지고 머리카락이

팔장을 잘 끼는 여성은 매우 이기주의적인
성격의 소유자이다.

노란 여성은 항상 감정이 산만하고 혼란되어 변덕이
많다. 어떤 때는 극히 상냥하지만 또 어떤 때에는 극히
냉정하게 표변함으로써 남성을 몹시 피곤하게 만드는 타
입이다. 아내의 변덕과 잔소리를 감미로운 음악처럼 들을
수 있는 남성이라면 결혼해도 무방하다.

⑧ 눈빛이 매우 사납고 강렬하게 반짝거리며 항상 입술에 침
이 촉촉히 적셔 있는 여성은 한 마디로 '색녀'에 가깝다.
아집이 세고 색을 밝히기 때문에 남편의 명을 재촉한다.
결혼을 몇 번이나 해도 부족하다.

⑨ 눈썹이 난 부위의 살이 툭 불거져서 눈두덩이가 높고 눈
에 물기가 흐르거나 도화빛[桃花色]인 여성은 지극히 음난
하고 남성의 유혹에는 마치 바람 앞의 등불과도 같다. 결
혼 후에도 타고난 바람끼를 주체할 수 없어 불륜의 관계
를 갖는 경우가 많다.

⑩ 이마의 털이 둥근 모양(아치형)을 하고 있으면서 색깔이
노란 곱슬머리의 여성은 결혼운이 좋지 않다. 이혼을 하
지 않으면 남편이 일찍 세상을 뜬다. 몇 번을 재혼해도
똑같은 불행이 거듭된다. 무능력한 남편 만나 가정 경제
를 혼자 도맡아 꾸려나가는 억센 운명의 사람도 있다.

⑪ 팔장를 잘 끼는 여성은 매우 이기주의적인 성격의 소유

짝눈인 여성은 결혼운이 좋지 않다.

자다. 또한 성욕이 매우 강하기 때문에 반드시라고 할만큼 한 남자로는 만족하지 못한다. 혼외 정사가 많고 기만과 배반을 서슴지 않으므로 경계하는 것이 좋다.

⑫ 여성의 눈이 약간 나와 있고 사람을 볼 때 곁눈질이나 치켜보기를 잘하는 타입은 정신병을 앓기 쉽다. 그렇지 않으면 자기 실수로 정신적인 고통을 심하게 받는다.

⑬ 눈꼬리가 올라간 여성은 허영과 질투심이 강하고 고집이 세어 이상만을 추구한다. 남이 무엇을 가지고 있으면 나도 가져야만 만족하는 성격으로 지나치게 사치스럽다. 남 앞에서는 무척이나 고상한 척을 하지만 그러나 실속은 거의 없다.

⑭ 말할 때 침이 튀어나오거나 입가에 거품이 생기는 여성은 자기 주장이 강하고 황소 고집이다. 천성이 비천하면서도 교양을 쌓지 않으므로 해서 순탄한 결혼 생활은 불가능하다.

⑮ 머리털이 노랗고 이마털이 들쑥날쑥하게 나 있으면서 눈동자가 항상 붉은 여성은 '과부상'이다. 여성의 나쁜 운세가 남편의 운을 나쁘게하여 명을 재촉한다.

⑯ 한쪽 눈이 크거나 작아서 짝눈의 여성은 결혼운이 좋지 않다. 이런 여성으로서 콧등[年壽]에 세로금이 있으면 남

눈꼬리가 올라간 여성은
허영과 질투심이 강하다.

항상 얼굴을 처들고 있는 여성은 음난하고
바람끼가 많다.

편을 망친다.

⑰ 코끝이 매부리처럼 생긴 여성은 악독하고 음흉하다. 남편을 깔아 뭉개려고 하기 때문에 싸움이 그칠 날이 없다. 특히 이런 코를 가진 여성의 광대뼈가 눈보다 높이 솟아 있으면 남편을 죽인다.

⑱ 음성이 유난히 고운 여성의 성격은 박정하다. 남성을 가지고 놀려고 하는 경향이 많으며 성욕이 강하기 때문에 정조관념이 약하다. 마음이 하루에도 열두 번씩 변하는 성격이므로 인내심이 아주 강하지 않으면 도저히 그녀의 히스테리를 받아낼 재간이 없다.

⑲ 앉을 때마다 오른쪽 어깨를 많이 낮추는 여성은 성욕이 늘 이성보다 강하다. 눈이 맞으면 쉽게 외간 남자와 불륜을 저지르기 쉬우므로 가정의 파탄을 피할 수 없다.

⑳ 자기의 뺨을 손으로 괴는 버릇이 있는 여성은 음흉하고 색정적이다. 초혼에 실패하고 재혼하는 상이다.

㉑ 마치 먼 하늘을 보듯이 항상 얼굴을 위로 처들고 있는 여성은 음난하고 바람끼가 많다. 결혼 후에도 지난날의 애인을 못잊어 연락을 취한다.

㉒ 눈의 검은자위가 뚜렷하게 아래로 내려온 상백안의 눈을 가진 여성은 질투심과 의심이 많다. 남편의 운을 깎아내

광대뼈가 많이 돌출한 여성은
내주장(자기 주장)이
강하여 남편과 다툼이 많다.

리고 명을 재촉하므로써 사별하는 경우가 많다.

㉓ 여성의 코가 좁으면서 콧대만 높거나 코가 너무 짧은 타입은 자존심이 강하고 냉담한 성격이다. 사소한 일에도 남편을 이겨야만 직성이 풀리기 때문에 끝내는 이혼을 당하게 된다.

㉔ 광대뼈가 많이 돌출한 여성은 억센 남성의 성격을 가지고 있고, 자기 주장이 너무 강하여 남편과 다툼이 많다. 툭하면 남편의 과거에 있었던 일까지도 들추어 내어 잔소리를 하기 때문에 남편을 항상 질리게 만든다. 그런 이유로 인해서 이혼하는 여성이 유독 많다. 이런 상을 소위 '과부상'이라 한다.

㉕ 윗입술이 아랫입술에 비해 현저히 얇은 여성은 이기적인 성격으로 박정하다. 애정을 받기만 하고 주는 것에는 지극히 인색하므로 끝내는 배척을 받게 된다.

㉖ 아랫입술이 윗입술보다 더 튀어나온 여자는 과부상이다. 아랫입술은 여자를 가리키고 윗입술은 남편을 가리키는 것이므로 여자의 운이 남편의 운을 누른다.

㉗ 여성의 턱뼈가 돌출해 있으면 모든 일을 자기의 주관대로 관철시키려 드는 성격으로 고집이 매우 세다. 그래서 자주 남편을 비롯한 시댁 식구와 반목하기 때문에 이별하는

사각형 얼굴의 여성은 남성 기질이 강하여 남편 위에 군림하여 든다.

콧구멍이 훤히 보이는 여성은 정조관념이 약하다.

여성이 많다.

㉘ 인중이 깨끗하지 않은 여자는 자식을 돌보는 것이 무척 서툴며, 사소한 가정 살림을 싫어한다.

㉙ 눈 주위에 상처가 있는 여자는 부부간의 사이가 나쁘고 자식운이 좋지 않다. 또한 눈에 흰자위가 많거나 사시안의 여성은 성(sex)과 관련된 문제로 인해 생이별 또는 사별하는 경우가 많다.

㉚ 얼굴이 네모진 여성은 남성 기질이 강하기 때문에 남편 위에 군림하려 든다. 이런 여성에게는 역삼각형 얼굴의 여성 기질을 가진 남성은 배필이 될 수 있다.

㉛ 양눈썹에 점이 있고 눈 속(흰자위나 검은자위)에 검은 점이 있는 여성은 음난한 성품으로 유혹에 약하다.

㉜ 눈의 모양이 환목(環目 : 고리눈)이고 목소리가 남자와 같은 여성은 성격이 모질고 악독하다. 이런 상은 악한상이므로 늘 경계해야 한다.

㉝ 코끝을 위로 밀어놓은 것처럼 콧구멍이 보이는 여성은 성(sex)을 매우 좋아하므로 정조관념이 약하다. 또한 사고가 천박하기 때문에 이와 같은 상을 가진 여성은 인생이 고달프고 가난할 운명이다.

㉞ 얼굴이 검고 머리카락이 거칠며 목이 짧은 여성은 천성이

눈이 너무 큰 여성은 남성의 유혹에 약하다.

음흉하고 악독하다. 자기의 기분에 따라 행동하며, 주위 사람은 조금도 생각을 안한다. 이런 상의 여자가 방구를 잘 뀌면 도적질을 잘한다.

㉟ 앉으나 서나 침착하지 못하고 안절부절 못하는 여성은 경솔하면서도 성적 욕구가 매우 강하기 때문에 남성의 유혹에 매우 약하다. 이러한 여성이 입술이 두꺼우면 동네에 시아버지가 열둘은 된다.

㊱ 처음 보는 남자에게 말부터 하기 전에 눈웃음을 치는 여성은 천성적으로 창녀 기질을 타고났다. 결혼 후에도 좀처럼 그런 기질을 억제하지 못하기 때문에 이혼을 당하는 경우가 많다.

㊲ 인중이 평평해서 선이 없고 젖꼭지가 너무 적은 여성은 자식을 낳지 못한다.

㊳ 눈이 너무 큰 여성은 남성의 유혹에 약하다. 큰 눈에 힘이 없으면 단명하기 쉽다.

◐ 결혼 상대로 좋은 여성의 인상

여성의 좋은 인상은 첫째, 얼굴에 모가 지지 않아야 하고 삼정(三停)이 균등해야 한다. 둘째는 눈썹을 비롯하여 얼굴 전체의 이목구비가 바르다.

먼저 눈썹은 반달처럼 아름답고 윤기가 있으며, 머리카락은 검고 윤택하며 목이 길다.

눈은 약간 크면서 검은 동자가 많아 꽉 차 있는 듯한 눈이 좋다. 이런 눈의 여성은 주위 사람과 잘 어울린다. 또 모임의 중심이 되기 때문에 남편의 사회적 위치를 크게 돋보이게 할 수 있다. 성격은 활달하면서도 기품을 잃지 않으려고 노력하기 때문에 남편의 말에 어느 선까지는 양보하는 타입이다.

코는 약간 좁은 듯하면서 선이 반듯하게 높고 양쪽 콧방울이 힘 있고 분명해야 한다. 코 밑의 인중은 곧고 약간 긴 듯한 느낌을 주는 상이 좋다. 이런 여성은 남편이 사회에서 열심히 일에 열중할 수 있도록 가정을 평안하게 꾸려나가면서 자녀를 매우 정성껏 키운다.

입술은 약간 상향되어 붉고 윤택하며 두툼한 느낌을 주는 여성이 좋다. 이는 희고 가지런하며 반드시 광택이 있어야 하고, 웃을 때는 잇몸이 보이지 않아야 한다. 앞에서 자세히 밝혔듯이 입이나 입술은 애정, 음식물에 대한 미각, 말의 신용도를 나타낸다. 특히 입술이 발달한 여성은 잠자리에서 매우 적극적이기 때문에 부부의 금실이 좋다.

턱은 둥근형이 좋다. 턱뼈와 광대뼈가 균형 있게 살이 붙어 있는 여성도 좋다. 이런 형은 남편의 출세를 위해 헌신적이라

결혼 전에는 두 눈을 크게 뜨고 보라. 결혼하고
나서는 한 눈을 감으라. —T. 플러

고 할 만큼 내조를 잘한다.

귀는 두텁고 길며, 귓볼은 꽤 크고 둥글며 살이 많은 것이
좋다. 이러한 귀를 가진 여성은 인정이 많으면서 물질에 대한
운용이 능숙하다. 금전적으로도 항상 여유를 갖고 생활하며 재
산을 잘 지킨다.

이런 남자는 여자를 망친다

앞에서 미혼 남성들에게 질문을 했듯이 여성들에게도 같은
질문을 하겠다.

■ 결혼은 누구를 위하여 하는가?
　① 자신의 행복을 위해서
　② 상대방 남성의 행복을 위해서

너무도 당연한 답이겠지만, 모든 여성이 ①번을 꼽을 것이
다. 남녀를 불문하고 자신의 행복을 위해 결혼하는 것이다.

여성의 결혼은 남성에 비하여 더욱 신중히 결정해야 한다.
그것은 우리 사회의 정서상 아직까지는 모든 면에서 여성에게
불리하게 작용하고 있는 것이 엄존하기 때문이다.

누가 뭐라해도 여성은 일부종사(一夫從事)하는 것이 좋다. 근래에 들어 부쩍 이혼하는 부부가 많아졌지만, 이혼 후의 생활은 남성에 비해 여성이 더 불행하다는 것을 독자들께서 더 잘 알고 있을 것이다.

표현이 좀 이상하지만, '남성은 영원히 철들지 않는 어린아이'와 같다고 생각해도 과히 틀린 말은 아니다. 이 말은 물가에 내놓은 아이처럼 언제 어떤 풍파를 일으킬지는 아무도 모른다는 얘기이다.

'내 남편만큼은, 내 애인만큼은 그렇지 않을 것이다.'

대부분의 여성들은 이렇게 '용감한 확신'을 잘 한다. 그러나 그 용감한 확신이 얼마나 어리석었는가를 당해 본 여성만이 안다.

굳이 말할 나위도 없이 인간, 특히 남자는 모순에 찬 동물이다. 이웃을 사랑하며 서로 도와야 한다고 생각하면서도 다른 한편으로는 남을 끌어내리고 그 위를 딛고 올라서려는 투쟁심이 강하다. 또한 주어진 책임을 충실하게 수행하고 가족의 생활을 안정시키겠다는 욕구와 함께 그것들로부터 벗어나려는 강한 욕구를 동시에 지니고 있다.

19세기 영국의 소설가 스티븐슨이 쓴 소설 《지킬 박사와 하이드》를 읽어 보면 인간의 이중성을 예리하게 파헤치고 있다.

남의 취향에 맞는 아내가 아니라,
자신의 취향에 맞는 아내를 구하라.
―J. J. 루소 : 프랑스의 철학자―

낮에는 고결한 인격자인 지킬 박사가 밤이 되면 어떤 약을 마심으로써 도덕성이라고는 조금도 없는 흉악한 인간 하이드로 변신하는 것이다.

남성들은 그 누구라도 그런 심리를 지니고 있겠지만 반사회적·반도덕적 욕구를 억압하고 인격적인 일관성을 유지하려 노력한다. 그러나 그렇다고 해도 언제, 어느 때 그 일관성을 잃을지는 아무도 모른다. 특히 성적인 문제에 있어서의 자제력을 잃는 경우가 많다.

대철학자 니체는 이런 말을 했다.

"남성이 정말로 좋아하는 두 가지는 위험과 놀이이다. 그리고 남자는 열렬히 사랑을 하고 싶어한다. 그 사랑이라는 것이 남자에게는 매우 위험한 놀이이기 때문이다."

남성의 성(性)은 공격적이고 지배적이다. 따라서 연애는 남자에게 있어서 근원적인 인생의 게임이라고 할 수 있다. 그렇지만 한번 정복하면 이내 흥미를 잃어버리는 묘한 특성을 지니고 있는 것도 남성이다. 그렇기 때문에 늘 다른 상대에게 관심을 옮기고 또 문제를 야기시킬 소지가 많은 것이다.

즐겁고 행복한 결혼생활을 위해서는 '성실'한 남성을 택해야 한다. 여기에서의 '성실'은 마음의 성실성을 비롯하여 성실(性實)을 포함한 말이다.

여성은 성적으로 만족하지 못할 때 매사에 신경질적이 된다. 그러다 보니 사소한 일에도 '히스테리(자궁의 소란)'가 발작하기 때문에 가정불화를 피할 수 없는 것이다.

◆ 남편감 선택의 12 가지 조건

그렇다면 어떤 타입의 남성이 1백 퍼센트 믿을 만한 신랑감인가. 인상학적으로 보기에 앞서 여기에 재미있는 해외 이색 리포트가 있어 소개한다.

〈남편감 선택의 12 가지 조건〉이란 제목으로 발표한 이 리포트는 미국 남 캘리포니아대학 정신의학교수 브로드 벤트 박사가 30 년간 임상연구한 내용이다.

① 나이가 10세 정도 연상의 남자든지 아니면 실제 나이보다 더 들어 보이는 남성이 남편감으로 적합하다. 이는 여자는 쉬 늙고 나태해지는 데 비해 남성의 주위에는 항상 젊고 매력 있는 여성이 많기 때문이다.

② 섹스가 매우 강한 남자는 적합하지 않다. 이런 남자는 반드시 다른 여자를 찾는다.

③ 결혼 전에 '나는 아이를 셋을 두겠어' 등으로 자녀의 수에 대한 이야기를 자주 하는 남자는 부적합하다. 이런 남자는 꿈이 없다.

역삼각형의 남성은 밤에 부실하다.

④ 남성이 수재형이면 가정의 평화를 바랄 수는 없다. 수재형일수록 이기적이며 가족과 부인의 희생을 강요한다.

⑤ 여자와 교제를 한 번도 해보지 않은 남성은 부적합하다. '늦바람이 무섭다'는 말처럼 결혼 후 다른 여성에게 빠지면 헤어나질 못하기 때문에 가정파탄에까지 이르기 쉽다.

⑥ 바람을 가장 피우지 않는 직업은 농부와 어부, 그리고 광원이다. 이들과 결혼하면 안전하다. 가정법원 통계에 따르면 이혼율이 가장 많은 직종은 사무직, 회사원이고 다음이 공원이다. 이유는 사무계통 사무실마다 젊은 여성이 많기 때문에 그만큼 바람피울 확률이 많다.

⑦ 역삼각형으로 잘빠진 육체를 가진 남성은 부적합하다. 이유는 밤에 부실하기 때문이다. 근육질의 역삼각형 육체를 가진 남성은 대체로 하체가 부실하기 때문에 황홀한 밤을 기대할 수 없다.

⑧ 가문이 좋은 남자가 좋다. 세월이 변했어도 가문은 중요하다. 이것은 구시대적인 사고가 절대 아니다. 서로 살아온 환경을 비교하고 훌륭한 2세를 얻을 수 있는 유전적인 면을 보는 것이다.

⑨ 너무 효자인 남성은 부적합하다. 이 말은 불효자가 낫다는 말이 아니다. 너무 효자인 나머지 아내를 저버린다면

하백안의 남성은 아내를 학대하고 이혼을 쉽게 생각한다.

곤란하다는 뜻이다. 고부간의 갈등 해소를 위해 중간에 설 수 있는 사람을 골라야 한다.

⑩ 장남이라고 해서 유산에 기대는 것은 금물이다.

⑪ 현대적으로 멋있는 남성은 남편감으로 나쁘다. 이런 남성은 나르시시즘(自己愛)적인 경향이 강하다. 진실됨과 인내심이 다소 떨어지며 여성을 무시하는 성격이다.

⑫ 결혼식을 화려하게 하고 싶어하는 남성은 남편감으로는 적합하지 않다. 성실한 남성이라면 화려한 결혼식보다 둘이서만 즐길 수 있는 신혼여행이나 신혼생활에 치중하는 법이기 때문이다.

◈ 미혼 여성이 절대 경계해야 할 남성의 타입

① 남성의 눈썹과 눈썹 사이가 넓고 눈의 검은자위가 위로 올라가서 아랫부분의 흰자위가 드러나는 하백안의 남성은 아내를 학대하고 간단히 이혼을 하는 성격이다. 특히 양눈의 간격마저 넓은 남성은 바람끼가 많은 사람으로 '여난의 상(女難之相)'이다.

② 안색이 자주 바뀌는 남성은 남편감으로 적합하지 않다. 이런 사람은 경솔한 성격이며 생활력이 없어 가정불화의 원인이 된다.

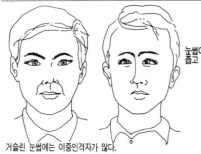

눈썹이 딱 붙어 있는 사람은 마음이 매우
좁고 잔소리가 심하다.

거슬린 눈썹에는 이중인격자가 많다.

③ 팔자(八字) 눈썹에 눈꼬리마저 처진 남성도 여난의 상
  이다. 처자와 인연이 없어 두 번 장가를 가거나 배다른
  자식을 두는 경우가 많다.

④ 뾰족한 느낌의 머리에 콧대가 휘어지고 코끝이 매부리와
  같은 남성은 악독하고 음흉한 성격의 소유자이다. 여기
  에다 바람끼마저 많아 늘 가정생활이 순탄하지 못하다.

⑤ 눈의 검은자위를 에워싼 흰자위가 상하좌우로 보이는 사
  백안의 남성은 지성미가 전혀 없는 동물적 감정의 소유
  자다. 마음 내키는 대로 행동하는 남성이므로 특별히 경
  계해야 할 사람이다.

⑥ 눈썹이 심하게 거슬려 있거나 도중이 절단된 남성은 성격
  이 음흉하고 이중인격자가 많다. 눈의 주위에 상처가 있
  는 경우도 마찬가지이다.

⑦ 두 눈썹이 미간에 교차되듯이 딱 붙어 있는 남성은 마음
  이 매우 좁다. 그렇기 때문에 사소한 일에도 화를 잘내고
  잔소리가 심하다. 이런 타입은 일생 동안 하는 일마다 막
  힘이 많고 불행하다.

⑧ 항상 코가 붉은 남성은 경제적인 파탄이나 형벌을 받는
  등의 고난이 반드시 따른다. 만약 재산을 모으게 되면 단
  명한다.

걸을 때 상체가 앞으로 숙여져서 넘어질 듯한
남성은 경솔한 성격으로 단명하기 쉽다.

⑨ 코 부분의 피부가 까칠하거나 상처, 얼룩, 멍 등이 있으
면 가난하게 살며 뜻을 이루지 못한다.

⑩ 눈의 흰자위가 항상 붉은 사람은 사기성이 농후하기 때문
에 남편감으로 적합하지 못하다. 좌우로 눈동자를 자주
굴리는 남성—이런 눈을 '도적의 눈'이라 한다—도 의심
이 많고 변덕이 심하기 때문에 좋지 않다.

⑪ 눈썹과 눈이 거의 붙어 있으면서 걸어갈 때 상체가 앞으
로 숙여져서 넘어질 듯한 남성은 성격도 경솔하고 성급하
여 '단명의 상(短命之相)'이다. 과부가 되기 싫으면 피하
는 것이 좋다.

⑫ 남성이 수염이 없거나, 또는 수염이 지나치게 뻣뻣하고
난잡하거나 조밀하게 난 사람은 부부이별이 많다. 미혼
남성 중에 콧수염이나 턱수염을 기른 사람은 의외로 마음
이 좁고 개성이 약하다.

⑬ 눈꺼풀이 얇으면서 뺨이 붉은 남성은 여성을 유혹하는 능
력이 특출나다. 그러나 다른 생활력은 약하기 때문에 실
패와 파란이 많은 사람이다. 이런 사람 중에 좌우가 다른
눈꺼풀—한쪽 눈꺼풀은 외겹이고 다른 한쪽은 쌍꺼풀—의
남성은 악질적인 사기를 치는 경우가 많다. 절대 요주의
인물이다.

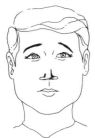

빈대코의 남성은 대책없이 섹스를 좋아한다.

⑭ 이가 앞으로 드러나 있으면서(뻐드렁니), 인중이 짧거나 혹은 인중에 가로금이 있는 남성은 가난하고 단명한다.

⑮ 여자같이 예쁘게 생기고 눈웃음을 잘 치는 남성으로서 머리카락이 곱슬곱슬한 남성은 바람끼가 많다. 그리고 생활력이 결핍되어 있어 반드시 색정이나 여난에 빠져 신세를 망치게 된다.

⑯ 눈썹이 많지 않아서 속살이 보이는 남성은 진실성이 결여된 사람이다. 교묘한 말투와 꾸며진 행동으로 여성의 마음을 사로잡는 능력은 뛰어나지만 운명적으로 헤어지는 경우가 많다.

⑰ 코가 납작한, 소위 '빈대코'의 남성은 섹스를 매우 좋아하는 타입이다. 자존심이 많이 결여되어 있고 아무 여자에게나 잘 접근하기 때문에 가정파탄이 많다.

⑱ 눈썹이 여자처럼 곱고 보조개가 있는 남성은 소심하고 남성다운 기개가 결핍되어 있다. 또한 색정이나 여난에 잘 빠진다. 미녀만을 선호하며 결혼 후에도 숨겨놓은 여인이 어딘가에 반드시 있다. 인상학적으로 남녀를 불문하고 보조개는 좋지 않다.

⑲ 목덜미에 솜털이 많거나 어깨가 밑으로 처진 남성도 좋지 않다. 이런 타입의 남자는 여성의 유혹에 쉽게 넘어가기

때문에 결혼 후에 바람을 피워 가정파탄을 초래한다.

⑳ 남성의 행동과 음성이 여성처럼 유연하고 고운 타입의 성격은 소심하고 의지가 약하다. 이런 사람은 여성들의 유혹에 사로잡히기를 잘해서 변하기 쉬운 사람으로 결혼생활이 순탄치 못하다.

㉑ 눈이 흐리멍텅하여 정기가 없는 남성은 소심하고 의지가 박약하다. 생활력이 없고 단명하기 쉬우므로 결혼 상대자로는 부적합하다.

㉒ 입이 작고 뾰족한 남성은 마음이 소심하고 의심이 많다. 그렇기 때문에 주위 사람들이나 아랫사람에게 배척을 당하기 쉽다.

㉓ 턱이 틀어져 있거나 흉터가 있는 남성, 또한 송곳처럼 뾰족한 턱을 가진 타입은 이기적인 성격으로 인해 자녀운 및 아랫사람운이 극히 나쁘다. 매사에 자기 본위로 행동하기 때문에 책임 회피와 변절이 많다.

㉔ 아랫입술이 윗입술보다 앞으로 나온 남성은 개성이 너무 강하고 자기본위의 성격이다. 남의 충고를 받아들일 만한 아량이 없으며, 자신의 이익을 위해서는 혈족도 배신한다. 천성적으로 박정하고 이기적인 사람이므로 남편감으로는 부적합하다.

자기 자랑이 많은 남성은 실속이 없다.

㉕ 입의 양쪽 끝이 지나치게 하향된 남성은 의지가 박약하고 열등의식이 강하다. 성격이 우울하며 재물운이 없어 항상 금전적으로 고통을 받는다. 이런 남성은 초혼에 실패하는 경우가 많다.

㉖ 말이 지나치게 많은 남성은 기(氣)가 허하며 실속이 없고, 눈이 너무 큰 남성은 간담이 약해서 단명하기 쉽다.

㉗ 눈이 크면서 늘 눈물이 고여 있는 듯한 느낌을 주는 남성은 정력이 부족해 황홀한 밤을 기대할 수는 없다. 단명하지 않으면 생활고에 시달릴 정도로 가난하게 산다.

㉘ 오른쪽과 왼쪽 귀의 크기가 서로 달라 짝귀인 남성은 건강에 이상이 있고 의심이 많아, 하는 일마다 막힘이 많다. 의식주가 불안정하여 평생 곤궁하게 지낼 사람이다.

㉙ 자기 자랑이 많은 남성은 소심하고 실속이 없는 경우가 많다. "빈수레가 요란하다"라는 속담이 바로 이런 남성을 두고 하는 말이리라. 자신 없는 남성들이 여성을 유혹할 때 흔히 써먹는 상투적 수법이다.

㉚ 좌우의 얼굴이 극단으로 다른 남성은 이중인격이다. 한쪽 눈썹은 길고 다른 한쪽은 짧다든지, 한쪽 눈은 크고 다른 한쪽이 작은 것 등이 그것이다. 표리가 부동하므로 남편

밖에서 돈을 잘 쓰는 남성은 가계를
망쳐놓기 십상이다.

감으로는 적합하지 않다.

㉛ 연애 중 데이트 비용을 전담하려는 남성도 좋지 않다. 자의식이 지나치게 강하여 생활의 모든 면에서 융통성이 없기 때문이다. 이런 남성은 결혼 후에도 그런 태도를 버리지 못하여 가계를 망쳐놓기 십상이다. 집에서는 생활비한푼이 없는데, 밖에서는 큰소리 탕탕치며 기분을 내는 성격이므로 가정생활이 원만할 리가 없다.

㉜ 언제나 입을 벌리고 있는 듯한 남성은 끈기가 없고 지능이 낮다. 혹은 축농증이 걸려 코로 호흡할 수 없기 때문에 그런 경우도 있다. 전자이고 후자이고 간에 운세가 약하여 성공하지는 못한다.

㉝ 입이 비틀어진 남성은 성질이 급하고 남의 일에 참견을 잘한다. 이런 타입의 사람은 허영심도 강하고 툭하면 허세를 부리기 때문에, 말에 진실성이 결핍되어 있다.

㉞ 대개가 연애 기간에 돈을 거침없이 쓰는 남성은 이기적이며 자기 현시욕이 강한 성격이다. 그러나 푸짐한 자기 과시와 겉치레와는 달리 결혼 후의 아내에게는 거짓말처럼 인색해진다. 자신의 몸치장에는 많은 돈을 쓰고 지나치게 신경을 쓰면서 아내의 지출에는 세세한 것에까지 잔소리를 하며 괴롭히는 타입이다.

도박이나 투기를 좋아하는 남성은 타락의
구렁텅이로 빠져들기 쉽다.

㉟ 데이트 약속 시간을 어기고 사과에 앞서 핑계부터 늘어놓
는 남성은 소심하고 신경질적인 성격의 소유자이다. 이런
남성은 매사에 자기 잘못을 인정하지 않고 탓을 남의 탓
으로만 돌리려 하기 때문에 결혼 후에 부부 싸움이 잦은
타입이다.

㊱ 남성의 입가에 선(법령)이 입에 접하면서 하강하고 있거
나 입을 에워싸고 있는 타입은 초혼이 오래 지속되지 못
한다.

㊲ 이빨이 이리삐뚤 저리삐뚤하고 뻐드렁 이빨이 나있는 남
성은 교활한 성격으로 진실성이 결여되어 주위의 배척을
받게 된다. 또한 입을 다물려고 해도 다물어 지지 않는
타입은 색정이 얽힌 트러블이 많아 가정생활에 파탄이 생
기기 쉽다.

㊳ 도박이나 투기 즉, 내기를 좋아하는 남성은 끈기가 없고
의지가 약하며 매사에 편법만 궁리하는 사람이다. 이런
타입의 남성으로 복장에 너무 신경을 쓰는 사람과 결혼하
는 것은 스스로 타락의 구렁텅이로 빠져드는 격이다. 항
상 일확천금을 꿈꾸며 분수 없이 돈을 탕진해 버리는 성
격 이상자이므로 절대 주의가 필요하다.

㊴ 많은 미혼 여성들은 박력 있는 남성을 좋아한다. 흔히,

턱이 빈약한 남성은 자포자기를 잘하는
사람으로 만년이 불행하다.

'박력'을 완력을 행사하는 것으로 잘못 이해하기 쉬운데,
진정한 박력이란 정의로운 일을 추진할 때 장애가 되는
강한 것에 대한 저항이다. 그런데 툭하면 약한 상대에게
주먹질 하고 여성에게 애꿎은 손찌검 하는 남성은 흉악한
성격으로 비겁한 사람이다. 어떤 이유에서라도 손찌검 하
는 남성과의 결혼생활은 절대로 행복해질 수 없다.

⑩ 아장아장 걷는 남성은 소심하고 배짱이 없는 별 볼일 없
는 남성이다. 언뜻 보기에는 호탕해 보이더라도 그것은
허울에 불과하다. 매사에 결단력이 없으므로 가난을 면하
기는 힘들다.

⑪ 턱이 몹시 빈약하거나 없는 듯한 느낌을 주는 남성은 자
포자기한 성격으로 정이 부족하다. 자녀운을 비롯하여 주
변에 좋은 사람이 없기 때문에 만년이 불운하다.

⑫ 오른쪽 어깨가 높은 남성은 허세가 심하고 경솔하다. 또
한 오른쪽 어깨를 으시대는 것은 소심하고 배짱이 없는
약점을 감추기 위한 행동이라 생각해도 틀림없다. 남성의
몸가짐은 움직일 때는 경쾌하면서도 움직이지 않을 때는
육중해야 좋다.

⑬ 지나치게 자기의 건강에 신경쓰는 남성은 자기 중심적이
며 신경질적이다. 이런 타입의 사람은 자기 이외의 타인

에겐 매우 박정하다. 그렇기 때문에 성생활을 비롯한 모든 일에서 아내를 슬프게 할 가능성이 많다.

㊹ 혀가 좁으면서도 긴 남성은 반드시 진실성이 없다. 대화 도중에 혀를 유심히 살펴보는 것이 '인간 판별법'에서 매우 중요하다. 혀의 색이 흰 남성은 가난하게 살며, 그리고 혓바닥에 검은 점이 있는 사람은 사기꾼이 아니면 도적이 틀림없다.

㊺ 목이 가늘고 빈약한 남성은 체력이 약하고 섹스도 약하다. 신경이 민감하여 신경성 노이로제에 걸리기 쉬우며 사회 적응력이 부족하여 가난을 면키 힘들다.

㊻ 음력으로 정월생 여성이 구월생 남성을 만나면 매사에 막힘이 많고 부부운 및 자손운이 나쁘다.

㊼ 음력 구월생 여성이 사월생 남성을 만나도 결과는 마찬가지이다. 무슨 일을 하든지 사사건건 대립이 심하고 재산을 모으지 못한다.

㊽ 음력 칠월생 여성이 삼월생 남성을 만나는 것도 좋지 못하다. 재산이 흩어지고 가세가 반드시 기울게 된다.

㊾ 음력 삼월생 여성이 오월생 남성과는 속궁합이 맞지 않다. 인생에 파란이 많다.

㊿ 음력 오월생 여성이 정월생 남성을 만나는 것도 삼가야

복코를 가진 남성으로서 턱이 크고 탐스러운
사람은 남편감으로 최상급이다.

한다. 이상은 '가취멸문법(嫁娶滅門法)'이라 하여 전통
궁합법에서는 절대 피하고 있다.

◪ 이런 남자가 남편감으로 적합하다

좋은 상을 가진 남성은 첫째, 얼굴의 중심인 코가 잘생기고
얼굴형이 좋아야 한다. 둘째, 혈색이 밝고 윤택하며 눈썹을 비
롯하여 이목구비가 반듯하며 균형이 잡혀 있어야 한다.

인상학적으로 부자로 살 남자는 코를 유심히 살피면 알 수
있다. 코는 낮지도 않고 너무 높지도 않은 적당한 코가 좋다.
낮은 코는 자존심이 결핍되어 있고 사고가 천박하여 생활력이
없다. 반면에 너무 높은 코는 자존심이 지나치게 강하거나 돈
과 인연이 없는 경우가 많다. 또한 콧구멍이 훤히 보이는 들창
코는 돈이 항상 새어나가기 때문에 늘 빈곤하다.

콧방울은 두툼하면서 힘 있게 덮인 것이 좋고, 콧구멍은 적
당히 커야 한다. 콧구멍이 작은 남성은 적게 벌어 적게 쓰는 타
입이라는 것을 기억하면 틀림없다.

복코를 가진 남성으로서 턱이 크고 탐스러운 사람은 남편감
으로 최상급이라 할 수 있다. 또한 이마가 넓고 두툼하면서 정
중앙이 약간 튀어나온 상, 이마에 주름이 3개만 있는 사람, 귀
가 크고 단단하며 단정한 남성도 좋다. 이런 남성과 결혼한다

면 세상의 존경을 받으며 살아갈 수 있다.

'지피지기 백전불태(知彼知己百戰不殆).'《손자병법》에 나온 너무도 유명한 말이다. 상대편의 실정을 알고 또 나의 실력을 알면 백 번을 싸워도 패하지 않는다는 뜻이다.

상대편의 실정을 잘 안다는 것은 곧 상대편에게 어떤 강점과 약점이 있는가를 정확하게 파악하는 일이다. 동시에 나의 그것 도 정확히 파악할 수 있다면 상대적인 비교가 가능하므로 승리 할 수 있는 확률이 그만큼 크다는 이야기이다.

이것은 비단 병법에만 국한되는 말이 아니다. 동서고금을 막 론하고 인생을 영위함에 있어 어디에나 통하는 삶의 최고의 지 혜인 것이다.

이 책을 읽은 독자께서는 이제는 어느 정도 사람을 보는 눈 을 가졌으리라고 필자는 확신한다. 그러나 절대 주의할 사항 은, 이 책의 어느 한 부분만 피상적으로 보고나서 인간을 속단 하지 말기를 당부하고 싶다.

상대방을 파악하는 것만큼 힘든 일도 없다. 자칫 잘못 파악 하면 선인도 악인이 되고 악인도 선인이 되기 때문이다.

상대와 만날 때 한꺼번에 전부를 보려는 욕심을 버리는 것이 절대 중요하다. 마치 그림을 감상하는 것처럼 편안한 상태에서

萬相不如心相

얼굴의 부분부분과, 손과 발의 움직임을 아주 주의 깊게 응시하여 그 특징을 기억하라. 그런 후, 이 책에서 관련된 부분을 읽어보는 것이 좋으리라.

책의 서두에서 이미 언급했듯이 '만상이 불여심상(萬相不如心相)'이다. 일만 가지 상이 제아무리 좋아도 마음의 상만 못한 것이다.

그러나 항상 마음 씀씀이를 바르게 하며 정도를 걸어야 한다. 사람의 상은 마음을 어떻게 쓰느냐에 따라 얼굴의 상도 변하는 것이기 때문이다.

끝으로 얼굴의 상이 변한다는 것과 관련된 일화 한 가지를 소개하고자 한다.

레오나르도 다빈치는, 예수가 수난 당하기 전날 밤에 12제자와 만찬을 드는 장면을 그리게 되었다. 이때 다빈치는 예수의 모델을 찾기 위해 로마 시내 구석구석을 헤매었다.

그러던 어느 날, 변두리 교회당에서 기도하는 청년을 보게 되었다. 빛나는 눈동자, 맑고 기품이 있는 얼굴, 그 모습에서 우러나는 위엄과 광채는 다빈치 마음을 사로잡기에 충분했다.

다빈치는 곧 그 사람에게 예수의 모델이 되어줄 것을 간곡히 부탁했다.

　그리하여 그 청년을 모델로 예수의 상을 그리게 되었다. 예수의 상이 완성되자 다빈치는 청년에게 충분한 사례금을 주려고 했다. 그러나 청년은 사례금을 사양하며,

　"저는 돈을 바라고 선생님의 모델이 되어드린 것이 아닙니다. 다만, 길이길이 남을 예술품이 이루어지는 데 조그마한 도움이라도 되었으면 하는 마음으로 모델이 되었을 뿐입니다."
하고는 홀연히 떠나갔다.

　다빈치는 그 청년의 마음씨에 또 한 번 탄복했다. 그후 다빈치는 그림 그리기에 혼신을 다하여, 여러 해 만에 예수를 비롯한 11제자를 그렸다. 이제 남은 것은 예수를 팔아먹은 배신자 유다였다. 그러나 유다의 모습은 도무지 상상되지 않았다.

　다빈치는 또다시 유다의 모델을 찾으러 로마 시내를 샅샅이 살피고 돌아다녔다.

　그러던 어느 날, 범죄와 마약 환자의 소굴인 뒷골목에서 마침내 유다의 모델로 적합한 사람을 보게 되었다.

　한눈에도 그 사람은 마약과 알코올 중독자였다. 뿐만 아니라 사기 · 도둑질 · 도박 등 온갖 나쁜 짓을 저지르고 다닐 비열한 위인임이 분명했다.

　다빈치는 서슴없이 그 사나이에게 모델이 되어달라고 부탁

했다. 그러자 사나이는 희멀건 눈을 치켜뜨며, 돈만 많이 준다면 못할 것도 없다고 했다. 다빈치는 그 사나이에게 많은 돈을 주기로 약속하고 자기의 화실로 데려왔다.

그날부터 〈최후의 만찬〉속의 유다가 그려지기 시작했다. 며칠이 지나 마침내 유다의 모습이 거의 완성될 무렵이었다.

모델 자리에 앉아 있던 사나이는 느닷없이 주먹 같은 눈물을 흘리며 울기 시작했다. 영문을 모르는 다빈치가 그 이유를 묻자, 사나이는 울음을 삼키며 입을 열었다.

"선생님 정말 부끄럽습니다. 저는 선생님이 처음 이 그림을 그리실 때 예수의 모델이 되었던 사람입니다."

"아니, 뭐라고?"

다빈치는 깜짝 놀라 그렇게 소리치며 사나이의 얼굴을 뚫어지게 바라보았다. 그러자 사나이는 다시 입을 열었다.

"아마 믿지 못하실 겁니다. 그러나 분명히 저는 그때의 그 모델입니다. 그후 저는 도박에 빠졌고, 술과 아편까지 입에 대기 시작하며 온갖 나쁜 짓과 더러운 짓을 하다가 이런 몰골이 되었습니다. 몇 해 전에 성스러운 예수의 얼굴이었던 제가 지금은 악하고 더러운 유다의 얼굴로 변하게 되었으니, 정말 이 노릇을······."

모델의 사나이는 그만 말끝을 맺지 못하고 다시 흐느끼기 시작했다. 다빈치는 그제야 그의 모습에서 지난날 예수모델 때의 모습을 어렴풋이나마 찾아볼 수 있었다.

다빈치는 울고 있는 사나이의 등을 어루만지며,

"야, 정말 알 수 없는 것이 인간의 운명이오. 그러나 후회한들 무엇하리오. 이제라도 지난날 예수의 모습을 간직했을 때의 생활로 돌아가시오. 그렇게 한다면 본 모습을 찾을 것이고, 하느님도 용서하리다. 자, 울음을 그치시오."

하며 그림을 마저 그리기 위해 다시 붓을 들었다.

사람의 얼굴은 하나의 풍경이다.
용모(容貌)는 결코 거짓말을 하지 않는다.
-발자크-

지은이 | 이 명 수

소설가. 희곡작가. 전남 해남출생.
한국희곡작가협회, 순수문학회, 탐미문학회 회원.
〈효과적인 대화와 인간관계〉,〈유머와 화술의 대인관계〉,
〈나는 노무현식 바보가 좋다〉,〈사람을 읽는 법〉,
〈사냥꾼과 여자이야기〉,〈영혼세계와 귀신이야기〉,
〈여자에게 알려주는 99가지 이야기〉,〈동방우화①②〉,〈불교우화〉
등 저서가 있음.

사람을 읽는 법

1판 1쇄 인쇄 | 2004년 2월 15일
1판 1쇄 발행 | 2004년 2월 20일
2판 1쇄 발행 | 2009년 6월 15일
3판 1쇄 발행 | 2011년 9월 20일

지은이 | 이 명 수

펴낸이 | 김 용 성
펴낸곳 | **지성문화사**
등 록 | 제5-14호(1976.10.21)
주 소 | 서울 동대문구 신설동 117-8 예일빌딩
전 화 | 02)2236-0654,2952 , 2233-5554
팩 스 | 02)2236-0655,2953 , 2238-4240